高职高专"十三五"规划教材

汽车类专业立体化数字资源配套教材

汽车电工电子技术基础

双色版

陈和娟　主编
朱明峰　冯凯　李晓丽　李艳　副主编
王凤军　主审

化学工业出版社
·北京·

本书各项目开头设有知识目标,以问题导入工作任务,后面以小结收尾。按照通用性与实践性有机结合、基础理论与实验设备有效融合的模式编写。以掌握概念、突出应用、提高能力为主题,以精选内容、加强基础、贴近实践为主线,力求实现理论深浅适度、体系结构新颖、联系实际紧密,将企业的实际应用和学校的教学有机结合,由浅入深,由简到繁,循序渐进,符合学生的学习基础和认识规律的原则。本书共分为7个项目,内容包括汽车电路基本元件的认识、汽车基本电路的认识与测量、汽车电路电磁器件的认识、汽车发电机与电动机的认识、汽车单片机控制电路的认识、全车电路的识图、安全用电。

为方便教学,本书配套视频、动画、课件、习题参考答案等数字资源,视频、动画等通过扫描书中二维码观看学习,教学课件、习题参考答案等可登录化学工业出版社教学资源网 www.cipedu.com.cn 免费下载。

本书可作为高职高专院校汽车类专业的教材,也可作为培训教材、中等职业院校教材,同时亦可供汽车维修企业相关人员参考。

图书在版编目(CIP)数据

汽车电工电子技术基础/陈和娟主编. —北京:化学工业出版社,2017.8(2020.11重印)
高职高专"十三五"规划教材
ISBN 978-7-122-29992-5

Ⅰ.①汽⋯ Ⅱ.①陈⋯ Ⅲ.①汽车-电工技术-高等职业教育-教材②汽车-电子技术-高等职业教育-教材 Ⅳ.①U463.6

中国版本图书馆 CIP 数据核字(2017)第 144929 号

责任编辑:韩庆利　　　　　　　　　　　　　　　文字编辑:张绪瑞
责任校对:边　涛　　　　　　　　　　　　　　　装帧设计:史利平

出版发行:化学工业出版社(北京市东城区青年湖南街13号　邮政编码100011)
印　　刷:北京京华铭诚工贸有限公司
装　　订:三河市振勇印装有限公司
787mm×1092mm　1/16　印张11¾　字数288千字　2020年11月北京第1版第3次印刷

购书咨询:010-64518888　　　售后服务:010-64518899
网　　址:http://www.cip.com.cn
凡购买本书,如有缺损质量问题,本社销售中心负责调换。

定　价:29.00元　　　　　　　　　　　　　　　　　　　　　　版权所有　违者必究

随着汽车工业迅速发展,汽车已不再是简单的电子加机械的组合,自动控制技术、计算机技术、通信技术、人工智能技术、激光等技术的应用,使汽车发展成为更加舒适、更加安全、更加人性化的交通工具,这些发展与汽车电工电子技术的发展密切相关。

目前,电工电子技术在汽车上的应用非常广泛,电工和电子产品的成本占整车的比例不断上升。汽车专业课涉及电工电子知识范围也很广,因此,汽车类专业的学生学好电工电子技术课程非常必要,可为后续专业课的学习做好知识储备。编者根据多年的教学实践经验,结合市场需求,编写了《汽车电工电子技术基础》这本教材,供高职高专院校汽车电子技术专业、汽车检测与维修专业、汽车运用专业、汽车新能源技术专业、汽车营销与服务专业等学生使用,也可作为汽车类工程技术人员、中等职业学校汽车专业和电子专业教师的参考书。

本书着力体现职业教育的特点,以分析和应用为目的,重点讲述汽车电工电子技术的基本概念,避免复杂的理论推导,重视基础知识的应用,以培养基本操作技能为目的。通过本课程的学习,使学生掌握汽车电工电子技术的基本理论、基本方法和基本技能,培养学生理论联系实际,并应用于实际的观点,提高学生分析、计算、解决实际问题的能力。

在编写体例上,本书采用简练准确、图文并茂的表达形式,力求达到直观明了、易读易学的效果。

本书由陈和娟担任主编,负责全书的统筹工作,并编写了项目三;由朱明峰、冯凯、李晓丽、李艳担任副主编;王美娟、冯志芬参编;由王凤军教授主审。其中无锡南洋职业技术学院李晓丽编写了项目一;漯河职业技术学院冯凯编写了项目二、项目七;无锡商业职业技术学院李艳编写了项目四;江阴市华姿中专朱明峰编写了项目五、项目六;王美娟、冯志芬进行了图片、视频等整理制作工作。在编写过程中,得到了有关院校的大力支持与帮助,在此一并感谢!

为方便教学,本书配套视频、动画、课件、习题参考答案等数字资源,视频、动画等通过扫描书中二维码观看学习,教学课件、习题参考答案等教学资源可登录化学工业出版社教学资源网www.cipedu.com.cn 免费下载。

教材建设是一项浩大的系统工程。由于时间紧迫和编者水平有限,书中难免有疏漏和不妥之处,衷心希望广大读者批评指正,从而使本书不断完善,更好地为读者服务。

编　者

项目一 汽车电路基本元件的认识 …… 1

任务一　电阻元件的认识 …… 1
任务二　电压源的认识 …… 4
任务三　电流源的认识 …… 5
任务四　电感元件的认识 …… 7
任务五　电容元件的认识 …… 8
任务六　汽车常用电工仪表的使用 …… 10
小结 …… 14
习题 …… 15

项目二 汽车基本电路的认识与测量 …… 16

任务一　汽车直流电路的认识与测量 …… 16
任务二　汽车交流电路的认识与测量 …… 29
任务三　汽车放大电路的认识与测量 …… 45
任务四　汽车直流稳压电源电路的认识与测量 …… 58
小结 …… 71
习题 …… 73

项目三 汽车电路电磁器件的认识 …… 77

任务一　磁感应点火信号发生器的认识 …… 77
任务二　汽车喇叭继电器的认识 …… 88
任务三　汽车点火线圈的认识 …… 93

小结 ………………………………………………………………………… 101
习题 ………………………………………………………………………… 101

项目四　汽车发电机与电动机的认识　　104

任务一　汽车交流发电机的认识 ………………………………………… 104
任务二　汽车直流电动机的认识 ………………………………………… 108
任务三　汽车步进电动机的认识 ………………………………………… 111
任务四　雨刮器电动机 …………………………………………………… 113
小结 ………………………………………………………………………… 114
习题 ………………………………………………………………………… 114

项目五　汽车单片机控制电路的认识　　115

任务一　单片机的基本概念 ……………………………………………… 115
任务二　 MCS-51 单片机的认识 ………………………………………… 119
任务三　单片机在汽车控制技术中的应用 ……………………………… 129
小结 ………………………………………………………………………… 136
习题 ………………………………………………………………………… 137

项目六　全车电路的识图　　139

任务一　汽车电器基础元件的认识与检测 ……………………………… 139
任务二　汽车电路图符号的认识 ………………………………………… 147
任务三　汽车电路图的识读 ……………………………………………… 160
小结 ………………………………………………………………………… 164
习题 ………………………………………………………………………… 165

项目七　安全用电　　167

任务一　安全用电基本知识（一） ……………………………………… 167
任务二　安全用电基本知识（二） ……………………………………… 172

小结 ……………………………………………………………………………………… 179
习题 ……………………………………………………………………………………… 179

参考文献　　　　　　　　　　　　　　　　　　　　　　　　　　　180

项目一 汽车电路基本元件的认识

 知识目标

1. 了解汽车电路中常见的基本元件；
2. 掌握电阻元件的特性及其检测方法，了解汽车电路中用到的特殊电阻；
3. 掌握电容元件的特性及其检测方法，了解电容在汽车电路中的作用；
4. 掌握电感元件的特性，了解电感元件在汽车电路中的应用；
5. 熟悉电压源和电流源的特性；
6. 学会汽车电路常用仪表的使用方法。

任务一 电阻元件的认识

 问题导入

电阻元件有什么特性，在电路中起什么作用？在汽车电路中如何对电阻元件进行检测？

 知识分析

一、电阻的认识

导体对流过它本身的电流会产生一定的阻碍作用。电阻（Resistance）用来表示导体对电流的这种阻碍作用的大小。导体的电阻越大，表示导体对电流的阻碍作用就越大。不同的导体，电阻一般不同。电阻是导体本身的一种特性，是汽车电气、电子设备中用得最多的基本元件之一，主要用于控制和调节电路中的电流和电压，或用作消耗电能的负载。电阻元件实物如图 1-1 所示。

电阻通常用字母 R 来表示。电阻的单位是 Ω（欧姆）。比较大的单位有 $k\Omega$（千欧）、$M\Omega$（兆欧）。

$1\text{k}\Omega = 1000\Omega \qquad 1\text{M}\Omega = 1000\text{k}\Omega$

电阻可以分为固定电阻和可变电阻,可变电阻又称为电位器。可变电阻元件实物如图 1-2 所示。固定电阻元件和可变电阻元件电路符号如图 1-3 和图 1-4 所示。

图 1-1 电阻元件实物

图 1-2 可变电阻元件实物

图 1-3 固定电阻元件电路符号

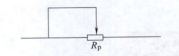

图 1-4 可变电阻元件电路符号

二、电阻阻值的标识方法

电阻值的标注方法有三种,即直标法、数码标示(即数标法)和色环标注(即色标法)。

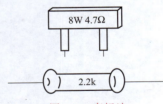

图 1-5 直标法

1. 直标法

直标法是将电阻器的标称值用数字和文字符号直接标在电阻体上(见图 1-5),其允许偏差则用百分数表示,未标偏差值的即为±20%。

2. 数码标示法

数码标示法主要用于贴片等小体积的电路。在三位数码中,从左到右,第一、二位数表示有效数字,第三位表示 10 的倍幂或者用 R 表示(R 表示 0)如:472 表示 $47\times10^2\Omega$,104 则表示 $10\times10^4\Omega$,R22 表示 0.22Ω。

电阻的色环标示法

3. 色环标注法

色环标注法使用最多。普通的色环电阻器用 4 环表示。精密电阻器用 5 环表示。紧靠电阻体一端头的色环为第一环,露着电阻体本色较多的另一端头为末环。如果色环电阻器用四环表示,前面两位数字是有效数字,第三位是 10 的倍幂,第四环是色环电阻器的误差范围。如图 1-6 所示。

三、汽车上应用的特殊电阻

1. 热敏电阻

阻值随温度的改变而改变的电阻称为热敏电阻。在汽车上常见的热敏电阻主要有发动机的水温传感器、进气温度传感器、排气温度传感器、机油温度传感器等。电阻值随温度升高而减少的热敏电阻称为负温度系数(NTC)热敏电阻,反之为正温度系数(RTC)热敏电阻。

项目一　汽车电路基本元件的认识

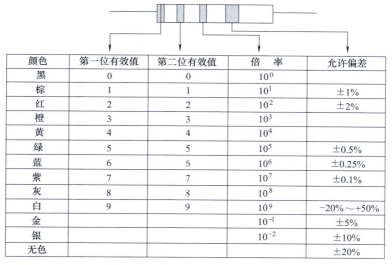

颜色	第一位有效值	第二位有效值	倍　率	允许偏差
黑	0	0	10^0	
棕	1	1	10^1	±1%
红	2	2	10^2	±2%
橙	3	3	10^3	
黄	4	4	10^4	
绿	5	5	10^5	±0.5%
蓝	6	6	10^6	±0.25%
紫	7	7	10^7	±0.1%
灰	8	8	10^8	
白	9	9	10^9	−20%～+50%
金			10^{-1}	±5%
银			10^{-2}	±10%
无色				±20%

图 1-6　四色环电阻器的色环标注法

2. 压敏电阻

阻值随着压力的改变而改变的电阻称为压敏电阻。在汽车上常见的压敏电阻主要有发动机的进气压力传感器。

3. 光敏电阻

阻值随着光照强度的改变而改变的电阻称为光敏电阻。如：自动空调上的日光传感器，灯光自动控制传感器。

四、电阻的检测

1. 量程的选择

根据被测电阻标称值的大小来选择量程。一般的数字万用表有 6 个电阻挡位：200Ω、2kΩ、20kΩ、200kΩ、2MΩ 和 20MΩ。选取挡位的原则是被测电阻小于 200Ω 的，选择 200Ω 挡位，被测电阻大于 200Ω 小于 2kΩ 的，选择 2kΩ，依此类推。如果所选量程小于被测电阻的阻值，则仪表将显示溢出符号"1"，此时，应改用更大的量程进行测量。若测得的结果为 0，则说明被测电阻已短路，若测得的电阻为∞（仪表显示溢出符号"1"），则说明该电阻已经失效。

2. 测量电阻值的注意事项

① 将万用表置于合适的量程，对仪表进行校零。方法是将红黑两支表笔相互短接后，仪表应显示"000"，两表笔为开路时，仪表应显示为"1"。

② 测量只有几欧姆的低阻值电阻时，要特别注意使电阻引线与表笔接触良好，必要时刮去电阻引线上的氧化层，还要注意测试时间不要太长，以减少内部电池的损耗。在测量低阻值电阻器时，应记录零点偏差值，用以修正测量结果。

③ 测量电阻时，手不要同时触及被测电阻的两端，以免人体电阻的并联作用影响测量结果。当进行高阻值测量时，更应该注意这一点。为保证测量结果的准确性，被检测电阻必须从电路中焊下来，或至少焊开一个头，以免电路中的其他元件对测试产生影响，造成测量误差。

任务二　电压源的认识

问题导入

实际中常见电源有干电池、蓄电池、直流发电机、直流稳压电源、交流发电机、电力系统提供的交流电源以及交流稳压电源等。这种实际电源在电路中如何描述？它们有什么特性？

知识分析

实际电源可以分为两类：一种是以电压的形式来表示，称为电压源；一种以电流的形式来表示，称为电流源。

电压源又分为独立电压源和实际电压源。独立电压源指的是其外特性由电源本身参数决定，不受电源之外电路参数限定。而实际电压源的对外特性受外电路参数影响，随着外电路参数的改变而改变。

一、独立电压源

独立电压源也称理想电压源，指的是电源的输出电压与外界电路无关，即输出电压总保持某一确定值。它是由内部损耗很小，甚至可以忽略不计的实际电压源得到的理想化二端元件。理想电压源的电路符号如图1-7所示。

理想电压源的伏安特性如图1-8所示。

图1-7　理想电压源电路符号

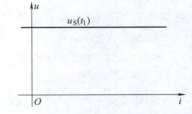
图1-8　理想电压源伏安特性

二、实际电压源

在实际中，理想电压源是不存在的，电源对外提供电压的同时，不可避免会存在内部损耗，由于电压源内阻的存在，电压源对外提供的端电压会随着外界电路的变化而变化，即带载后，对外端电压会下降。

实际电压源的电路符号如图1-9所示。

实际电压源的伏安特性如图1-10所示。

实际电压源与理想电压源的本质区别在于是否考虑电源的内阻，在实际中，如果负载的阻值远大于电源的内阻，实际电压源就可以用理想电压源来表示。

项目一　汽车电路基本元件的认识

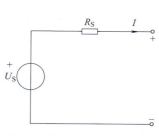
图1-9　实际电压源电路符号

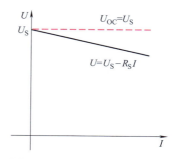
图1-10　实际电压源伏安特性

实际电压源在使用中如果发生了开路现象，即实际电源不接负载，电源两端端电压等于电源额定电压，内阻不消耗功率。实际电源如果发生短路现象，$I_S = \dfrac{U_S}{R_S}$，电源内阻由于很小，所以短路电流将会很大，会损坏电源，所以要避免短路现象发生。

三、汽车中常见的电压源

蓄电池是汽车中常见的电压源，分6V、12V、24V几种。汽油汽车多采用12V蓄电池，而柴油汽车多采用24V蓄电池。在发动机未启动时，蓄电池供给汽车用电设备全部电能，当用电设备同时接入较多，发电机超载时，蓄电池协助发电机共同向用电设备供电。当发电机的端电压高于蓄电池的两端电动势时，蓄电池会将一部分电能转化为化学能储存起来，完成充电。

任务三　电流源的认识

问题导入

实际电流源在电路中如何描述？它们有什么特性？电压源与电流源有什么关系？

知识分析

电源以电流的形式提供给外电路，这种电源称为电流源，电流源也分为独立电流源和实际电流源。

一、独立电流源

独立电流源又称理想电流源，电源输出的电流与外界电路无关，即电源输出的电流的大小和方向与电源端电压无关，跟外接电路参数无关，对外提供某一确定数值的电流。

理想电流源的电路符号如图1-11所示。
理想电流源的伏安特性如图1-12所示。

二、实际电流源

理想电流源在实际中并不存在，由于电源内阻的存在，实际电流源会随着外界负载的变

图 1-11 理想电流源电路符号

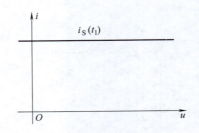

图 1-12 理想电流源伏安特性

化而变化，即带载后，对外输出电流会下降。

实际电流源的电路符号如图 1-13 所示。

实际电流源的伏安特性如图 1-14 所示。

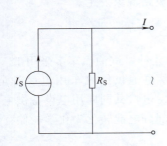

图 1-13 实际电流源电路符号

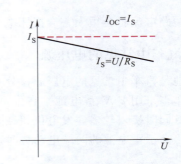

图 1-14 实际电流源伏安特性

实际电流源与理想电流源的本质区别在于是否考虑电源的内阻，在实际中，如果负载的阻值远小于电源的内阻，实际电流源就可以用理想电流源来表示。

三、实际电压源与实际电流源之间的相互转换

对外电路而言，电压源与电流源这两种形式的电源可以相互进行转换。即内阻相同，电流源的恒定电流等于电压源的短路电流，电压源的恒定电压等于电流源的开路电压。转换关系如图 1-15 所示。

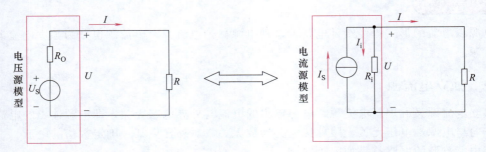

图 1-15 电流源与电压源之间的相互转换

要注意的是，恒流源与恒压源之间不能进行相互转换，只有实际电压源与实际电流源之间才能进行相互转换，同样这种转换只对外电路而言成立，对内电路是不等效的。

项目一　汽车电路基本元件的认识

任务四　电感元件的认识

问题导入 >>>

电感元件有什么特性，在电路中起什么作用？在汽车电路中都有哪些应用场合？

知识分析 >>>

一、电感的基本知识

电感是一个电抗器件。在电路中，一条特殊的印刷铜线就可以构成一个电感。电感的主要特性是将电能转化为磁能，它是一个储存磁场能量的元件。电感通低频，阻高频；通直流，阻交流。所以电感通常用作扼流圈。在高频电路中，电感也常被用作高频放大器的负载。电感对信号有阻碍作用，称之为感抗。

电感用字母 L 表示，其图形符号如图 1-16、图 1-17 所示。

电感元件的直流特性

图 1-16　空芯电感符号　　　图 1-17　铁芯电感符号

电感的单位为 H（亨利）。常用的单位有 mH（毫亨）和 μH（微亨），其换算关系是：

$$1H=1000mH \qquad 1mH=1000\mu H$$

二、电感值的标注

1. 直标法

直标法是将电感的电感量（标称值）用数字和文字符号直接标在电感体上，电感量单位后面的字母表示偏差。常见电感的直标法如图 1-18 所示。

2. 文字符号法

文字符号法是将电感的标称值用数字和文字符号按一定的规律组合标在电感体上。使用文字符号法标注的电感一般都是小功率电感，单位常为 nH、μH。用"nH"作单位时，N 表示小数点。用"μH"作单位时，R 表示小数点。例如：R47 表示电感量为 $0.47\mu H$；4R7 表示电容量为 $4.7\mu H$；10N 表示 10nH。常见的文字符号表示法如图 1-19 所示。

图 1-18　直标法标示的电感

图 1-19　文字符号法标示实物

3. 色标法

色标法是在电感表面涂上不同的色环来代表电感量。通常用 3 个或者 4 个色环来表示。色环电感的色环含义如图 1-20 表示。

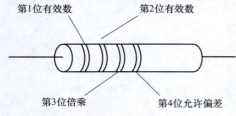

图 1-20 色环电感的色环含义

识别色环时,紧靠电感体一端的色环为第一环,露出电感体本色较多的另一端是末环。用色环标注法标注的电感一般默认单位为 μH。色环电感的外形与色环电阻相近,使用时特别要注意区分,通常色环电感外形短而粗,而色环电阻通常是细而长。

4. 数码标示法

电感的数码标示法与电阻一样,前面的两位数为有效数,第三位为倍乘,单位为 μH。例如:471 表示 470μH;682 表示 $68×10^2=6800μH$。

三、电感在汽车电路中的应用

电感线圈广泛应用在汽车电路中,如汽车的曲轴位置传感器、电磁阀、继电器、电喇叭、喇叭继电器、热线式闪光继电器等。汽车的点火系统就是基于点火线圈的自感电动势产生过电压,储存点火能量进行点火的。

四、电感的检测

1. 外观检测

对电感的外观进行检查,看线圈有无松动、散开,引脚有无折断,线圈是否烧毁或外壳是否烧焦等。若有上述现象,则表明电感已损坏。

2. 欧姆表的检测

用万用表的欧姆挡测线圈的直流电阻。电感的直流电阻值一般很小,匝数多、线径细的线圈能达几十欧;对于有抽头的线圈,各引脚之间的阻值均很小,仅有几欧姆左右。若用万用表 $R×1Ω$ 挡测量线圈的直流电阻,阻值无穷大说明线圈(或与引出线间)已经开路损坏;阻值比正常值小很多,则说明有局部短路;阻值为零,说明线圈完全短路。

对于有金属屏蔽罩的电感线圈,还需检查它的线圈与屏蔽罩之间是否短路。若用万用表检测得线圈各引脚与外壳(屏蔽罩)之间的电阻不是无穷大,而是有一定电阻值或为零,则说明该电感内部短路。

检测色环电感时,将万用表置于 $R×1Ω$ 挡,红、黑表笔接色环电感的引脚,此时指针应向右摆动。根据测出的阻值判别电感好坏:

① 阻值为零,内部有短路性故障;

② 阻值为无穷大,内部开路;

③ 只要能测出电阻值,电感外形、外表颜色又无变化,可认为是正常的。

任务五 电容元件的认识

问题导入 ▶▶▶

电容元件有什么特性,在电路中起什么作用?在汽车电路中都有哪些应用?

知识分析

一、电容的基本知识

电容，顾名思义指的是可以存储电荷的器件。用字母 C 来表示。电容的单位是 F（法拉），常用单位有 mF、μF、nF、pF。

$$1F=10^3 mF=10^6 \mu F=10^9 nF=10^{12} pF$$

电容元件的直流特性

电容在电路中主要起隔直流、耦合交流、旁路交流、滤波、定时、振荡等作用。

电容可分为固定电容和可调电容。普通电解电容具备环保、低阻抗、高低温稳定、耐高纹波及高信赖度等优越特性。如图 1-21 所示。

二、电容值的标注

国外生产的电容器，参数标注方式繁多，与我国习惯不同，主要有以下几种标注方法。

1. 直标法

直接标明电容的容量和单位。此法为欧洲国家所常用。其特点是在电容器的外壳上直接注明电容器的容量大小和单位。pF 为最小标注单位，可直接标注数值而不写单位。电容量标注值中的小数点用 R 来表示。如 R56μF＝0.56μF。

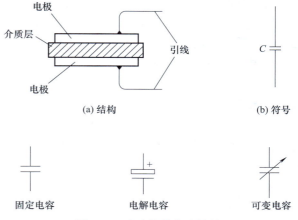

图 1-21　电容的结构及符号

2. 全数码标注法

此法为西方国家所常用。采用这种表示法的容量单位有 pF 和 μF 两种。通常，对普通电容器，省略的单位是 pF；对于电解电容器，省略的单位是 μF。例如，普通电容器上标有 "3"，表示 3pF；"4700" 表示 4700pF；而电解电容标有 "47"，则表示 47μF。

3. 字母标示法

2~4 位数字表示有效值，字母表示数值的量级，有 p、n、μ、m 几种。标注数值时不用小数点，而把整数部分写在字母之前，小数部分则跟在字母后面。例如："220n" 表示 220nF，即 0.22μF；"1p5" 表示 1.5pF。

4. 色环法

此法为西方国家和日本所采用。采用这种表示方法的电容容量单位为 pF，在电容器上标有 3~5 个色环表示参数。常见的轴式电容器其色环都偏向一侧，其顺序从最靠近引线的一端开始为第一环，色环颜色有黑、棕、红、橙、黄、绿、蓝、紫、灰、白，分别表示 0~9 十个数字，通常，第一、二环为电容量的有效值，第三环为倍幂，第四环为允许误差，第五环为电压等级。例如：标有黄、紫、橙三色环的轴式电容器，表示其容量为 47×10^3 pF。

三、电容在汽车电路中的应用

电容作为单元元件应用在传统点火系统中分电器电路上。在点火过程中，与分电器触点并联的电容器具有非常重要的作用。如果没有电容,点火能量将大大下降,火花塞点火的强度大大减少,发动机抖动,不能加速,甚至着不了车。电容并联在机械触点两端,消除触点断开时的电火花,用于增强点火能量。

电容在汽车音响、传感、控制方面都有广泛的应用。应该注意的是,电容器所承受的电压不能超过其额定电压,在汽车上,虽然蓄电池的电压是12V,但有些电路上有超过300V的高压,因此选用电容器时要认真研究电路的工作状态,选用额定电压有足够余量的电容。当环境温度很高时,电容会加速老化,所以在可靠性有要求的部件上,一般要选用云母、聚酯电容器。

四、固定电容的检测方法

1. 测量方法

大部分的数字式万用表具有测量电容的功能,其量程为2000p、20n、200n、2μ和20μ五个挡位,个别表可能与之有些不同。测量时可将已放电的电容两引脚直接插入表板上的插孔,选取适当的量程以后就可以显示数据。

使用电容挡的注意事项如下。

① 数字式万用表如果在电容插座上标有极性,当测量极性电容时,被测量电容必须与电容插座极性保持一致。

② 测量之前必须将被测电容的两个电极短路放电,然后再进行测量,以免损坏仪器。

③ 当测量电容器容量较大时,液晶屏上的读数需要数秒才能趋于稳定,等稳定后再读取容量值。

2. 电容的简易判别方法

(1) 大容量电解电容极性判别　将万用表置于电阻挡,先将两个表笔与电容器的两根引线任意连接,这时万用表的指针会向右偏转,此时万用表内部电池对电容开始进行充电。随着充电的进行,万用表的指针会自动向左偏转。此时再将电容的两引线对接放电,然后交换两个表笔做同样的检测。两次检测中电阻值较大的,黑表笔所接的引线是电容的正极。

(2) 小容量电容器的检测　小容量电容指的是1μF以下的电容器。因其容量太小,充电现象不明显,无法根据指针的偏转来进行极性检测。用万用表的欧姆挡检测电容,若阻值无穷大,则表明电容正常;若能测出电阻值,表明电容器可能有漏电故障;若电阻值接近0,则表明电容已经击穿。

根据被测电容的标称值,选择合适的电容量程,如2μF挡,调整调零旋钮,使初始值为"000"或"-000",插入数字万用表的CAP插座中,就可以显示电容的数值。

任务六　汽车常用电工仪表的使用

电工仪表是用来测量电流、电压、电功率等电量以及电阻、电感、电容等电路参数的仪表。在电气设备安全、经济、合理运行的监测和故障检修中有着十分重要的作用。电工仪表

项目一　汽车电路基本元件的认识

结构、性能和使用方法影响电工测量的精确度。因此，必须合理选用电工仪表，并熟练掌握各种仪表的正确使用方法。

知识分析

一、指针式万用表

1. 指针式万用表的功能

指针式万用表具有测量直流电压、直流电流、交流电压、交流电流、电阻等功能。指针式万用表由表盘、表笔、转换旋钮、调零旋钮等组成。指针式万用表外形如图1-22所示。

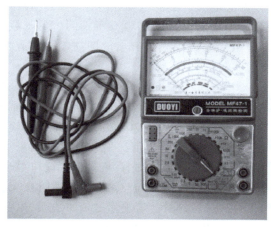

图1-22　指针式万用表

2. 指针式万用表的使用方法

① 测试前，先把万用表放置于水平位置并观察其指针是否处于零点（指电流、电压刻度盘的零点）。如果不在零点，则应调整表头下方的机械调零旋钮，将指针调至零点。

② 根据测量项目调节万用表上的转换旋钮，选择合适量程。若已知测量项目的数量级，则选择与其对应的数量级量程。若不知被测项目的数量级，则从最大量程开始选择。当指针偏转角度

欧姆表的使用方法

太小而无法读数时，将量程减小。一般指针偏转角度大于最大刻度的30%为合理量程。指针指在表头刻度盘中心位置附近时，此时测量误差最小。

③ 万用表的红、黑表笔要正确接入电路，即红正黑负。万用表用作电压表时，应将其并联接入测量电路的两端；万用表用作电流表时，应将红色表笔接入电流流入的一端。如果尚未清楚电流的方向，可将电路的一端先接好一只表笔，用另外一只表笔轻轻碰触电路的另一端，如果指针向右偏转，则接入正确。如果指针反偏，则应对换表笔接入电路；万用表作欧姆表使用时，首先应将红黑表笔对接调零，然后正确选择合适量程，一般测电阻时要求指针在刻度盘的20%～30%范围内，这样测量精度才能满足要求。

3. 指针式万用表使用注意事项

① 根据测量物理量选择转换开关位置，更换测量项目时切记及时更换挡位，切不可用测量电流或测量电阻的挡位去测量电压。如果用直流电流或欧姆挡测量220V的电压，万用表会被烧坏。

② 万用表在测量大电流（500mA）或高电压（220V）时，千万不要在测量过程中转换选择开关，以免产生电弧烧坏转换开关的触点。

③ 在测大于100V的高电压时，必须注意安全。最好先把一支表笔固定在被测电路的公共端，然后用另一只表笔去碰触另一端测试点。

④ 在测量有感抗的电路的电压时，必须在测量后先把万用表断开后再关掉电源，否则会在切断电源时，由于感抗元件自感现象，产生高电压，很有可能将万用表烧坏。

⑤ 在测量不允许通过大电流的电阻时，万用表应置于欧姆挡的大量程上，同理，在测量不能承受高电压的电阻时，万用表不宜置于大量程挡位上，如测量二极管和三极管的极间电阻时，不能将欧姆挡量程置于 R×10k 挡，这样很容易将管子击穿。

⑥ 测量完成后，应将量程开关拨在直流电压或者交流电压的最大量程处，千万不可置于欧姆挡位上，以防两表笔短接耗尽万用表内部干电池。

二、数字式万用表

1. 数字式万用表的功能

数字式万用表由电源开关、显示屏、指示灯、挡位选择旋钮、插孔、表笔等组成，如图 1-23 所示。它可用来进行直流电压、交流电压、直流电流、交流电流、电阻、二极管、三极管、MOS 场效应管等的测量。数字式万用表型号不同具有的功能也有所不同。由于数字式万用表带有蜂鸣器，可以方便判断电路的通断。数字式万用表具有灵敏度高、显示清晰、使用简单等特点。

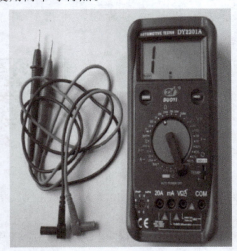

图 1-23 数字式万用表

2. 数字式万用表的使用方法

（1）直流电压的测量 首先将红表笔插入"VΩ"孔，黑表笔插入"COM"孔，将选择旋钮调至比估计值大的量程，用红黑表笔接触测量点，保持良好接触，就可以在显示屏上直接读取数值。若显示为"1"，则表明量程太小，需要调换大量程，然后再次进行测量。若显示数值带有负号，则表示表笔的极性与实际极性相反，红表笔接的是负极。

（2）交流电压的测量 将红黑表笔分别插入"VΩ"和"COM"孔，挡位选择交流电压挡，选择合适量程，就可以直接在显示屏上读数。

（3）直流电流的测量 先将黑表笔插入"COM"孔，若测量大于 200mA 的电流，则要将红表笔插入"10A"插孔中，并将旋钮调至直流 10A 挡位；若测量小于 200mA 的电流，则将红表笔插入"200mA"孔中，将旋钮调至直流 200mA 以内的合适量程，将万用表串联接入测量电路中，接触良好，保持稳定，则可读取数值。若显示为 1，说明量程太小，需调大量程。

（4）电阻的测量 将红黑表笔分别插入"VΩ"和"COM"孔，将旋钮调至合适量程，用表笔接触电阻的金属部位，读数时，保持表笔和电阻的良好接触。"200"挡位时单位为 Ω，"2k"到"200k"挡位时单位为 kΩ，"2M"以上的单位为 MΩ。

（5）二极管的测量 测量二极管时，将转换开关拨至二极管图形符号所指示的挡位上，表笔接法与测量电压时一致，用红表笔接二极管的正极，黑表笔接二极管的负极，此时显示屏显示的是二极管的正向压降。调换表笔，显示为"1"，说明二极管性能良好，否则二极管击穿。

3. 数字式万用表使用的注意事项

① 用数字式万用表测量直流电压或交流电压时，要注意人身安全，不要用手去触碰表笔的金属部分。

② 用数字式万用表测量电流结束后,应将红表笔接回"VΩ"插孔中。若直接进行电压测量,万用表可能会被烧坏。

③ 切不可用电阻、电流挡去测量电压。如果用直流电流或电阻挡去测量交流220V电压,则万用表会被烧坏。

④ 若不能确认电压、电流范围,应从最大量程开始并逐渐下调。

⑤ 对于大于1MΩ的电阻,需几秒后等读数稳定后再读取。

⑥ 当误用交流电压挡去测量直流电压,或用直流电压挡去测量交流电压,显示屏将显示"000"或低位数字会出现跳动。

⑦ 禁止测高电压或大电流时更换量程。

⑧ 显示屏显示"BATT"或"LOW BATT"时,表明电池电压低于工作电压。

三、汽车专用万用表

1. 汽车专用万用表的功能

汽车专用万用表(见图1-24)的面板主要包括液晶显示屏、功能按键、选择开关和表笔插孔等部分。汽车专用万用表是一种多用数字仪表,与普通数字式万用表外形类似,功能在数字万用表基本功能的基础上增加了汽车专用功能挡(如DWELL挡,TACHO挡等)。它可用于测量交流电压、电流,直流电压、电流,电阻、频率、电容、占空比、温度、二极管、闭合角、转速等。也有的汽车万用表功能更加完善,具有自动断电、自动变换量程、模拟条图显示、峰值保持、读数保持、数据锁定、电池测试等功能。另外汽车万用表还配有一些套件,如热电偶适配器、热电偶探头、电感拾取器以及AC/DC感应式电流夹钳等。

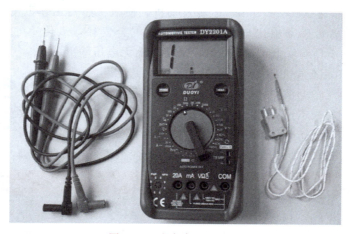

图1-24 汽车专用万用表

2. 汽车万用表的使用方法

(1) 电流测量 将挡位置于电流测量挡,表笔插到相应的孔内(表笔的插法与普通数字万用表一致),估算电流的大小,选择合适量程。测量时表笔与被测设备串联,此时可从显示屏上直接读取数值。若显示为"0",表明量程太大;显示为"1",表明量程太小。数值前面显示"—"时,表明电流的实际方向与测量表笔的方向相反。

(2) 电压测量 将挡位置于电压测量挡,表笔插到相应的孔内,估算电压的大小,选择合适量程。测量时表笔与被测设备并联,此时可从显示屏上直接读取数值。若无法估算大小，则从大量程开始逐级调节。

（3）电阻的测量　将挡位置于电阻测量挡，两表笔对接调零，确保测量数据的准确性，估算电阻的大小，选择合适量程，测量时表笔与被测设备并联，设备断电测量。测量受其他设备影响时，设备要脱离电路测量。

（4）温度的测量　将挡位置于温度挡，按下功能按钮，将黑线笔搭铁，探针线插头端插入汽车专用万用表温度测量孔，探针端接触被测物体，显示屏即显示被测温度。

（5）信号频率的测量　将挡位置于频率（Freq）挡，黑线（自汽车万用表搭铁座孔引出）搭铁，红线（自汽车万用表公用座引出）接被测信号线，显示屏即显示被测频率。

（6）点火线圈一次侧电路闭合角检测　将选择开关置于闭合角（Dwell）挡，黑线搭铁，红线接点火线圈负接线柱，发动机运转，显示屏即显示点火线圈一次侧电路闭合角。

（7）占空比测量　将选择开关置于占空比（Duty）挡，红线接电路信号，黑线搭铁，发动机运转，显示屏即显示脉冲信号的占空比。

（8）转速测量　将选择开关置于转速（RPM）挡，转速测量专用插头插入搭铁座孔与公用座孔中，感应式转速传感器夹在某一缸高压点火线上，在发动机工作时，显示屏即显示发动机转速。

（9）启动机启动电流测量　将选择开关置于400mV挡，把霍尔式电流传感器夹到电池上，其引线插头插入电流测量座孔，按下最大/最小功能按钮，然后拆下点火高压线，用启动机转动曲轴2~3s，显示屏即显示启动电流。

（10）氧传感器测量　拆下氧传感器线束连接器，将选择开关置于"4V"挡，按下DC功能按钮，使显示屏显示"DC"，再按下最大/最小功能按钮，将黑线搭铁，红线与氧传感器相连，然后以快怠速（2000r/min）运转发动机，使氧传感器工作温度达360℃以上。此时，如混合气浓，氧传感器输出电压为0.8V；如混合气稀，氧传感器输出电压为0.1~0.2V；当氧传感器工作温度低于360℃时，氧传感器无电压输出。

3. 汽车专用万用表使用注意事项

① 测电阻时，汽车上被测元件不得带电，被测元件不得与其他电气元件并联。
② 汽车专用万用表不使用时，应将挡位旋钮置于交流电压最高挡放置。
③ 在测量电流、电压时，不得带电更换量程。
④ 选择量程要先选大量程，后选小量程，尽量使被测值接近于量程。

小　结

本项目主要介绍了以下内容：

汽车电路中常见的元件有电阻、电感、电容等。电阻元件对电流产生阻碍作用，电阻值用来描述这种阻碍作用的大小，是一种耗能元件。电阻值的标示方法有直标法、色标法、数标法。电阻元件频繁应用在汽车电路中，对电阻元件的检测、识别可以用万用表的欧姆挡来实现。

电感元件可以将电能转化为磁能，是一种储能元件。电感通低频，阻高频；通直流，阻交流。电感值的标注方法有直标法、文字标注法、色标法、数码标注法。电感线圈广泛存在于汽车电路中，用万用表的欧姆挡可以对电感元件进行检测。

电容元件可以用来存储电荷，是一种储能元件。电容隔直流，通交流，在电路中起滤波、旁路、振荡等作用。电容值的标识有直标法、数码标示法、字母标示法、色环法等。可以利用万用表的测量电容功能来对电容进行检测。

电压源和电流源是两种常见的电源形式。不考虑电源内阻的电源称为理想电源，可以用理想电压源、理想电流源来描述。电压源与电流源之间可以进行等效转换。

万用表是汽车电路检测中常用的仪表，分为指针式、数字式和汽车专用万用表。万用表具有测量直流电压、电流，交流电压、电流，电阻等功能。汽车专用万用表在万用表通用功能的基础上还增加了一些特殊功能，如占空比、转速、温度等的测量。

习　题

一、填空题

1. 电阻对电流起_____作用，电阻可以分为_____和_____，其中_____又称为电位器。
2. 电阻的标识方法有_____、_____、_____。
3. 色标电阻中，第三环表示_____。
4. 若被测电阻的阻值为0，则表明该电阻已_____。
5. 不考虑内阻的电压源称为_____，考虑内阻的电压源称为_____。
6. 实际电压源电源 $u_S = 10V$，$R_S = 2\Omega$，则等效电流源的内阻为_____，电流源电流为_____。
7. 电容、电感属于_____。
8. 电感通_____，阻_____；电容通_____，阻_____。
9. 万用表具有测量_____、_____、_____、_____、_____等基本功能。
10. 汽车专用万用表用于测量信号频率时，黑线_____，红线_____。

二、实践题

1. 结合实际汽车电路，仔细观察电阻、电感、电容的外形以及它们的标注方法。
2. 万用表测量电压的操作步骤、量程选择应遵循什么原则？
3. 如何使用汽车专用万用表来测量点火线圈的闭合角？
4. 试总结指针式万用表测量电阻的操作步骤。

项目二 汽车基本电路的认识与测量

知识目标

1. 理解电路组成和基本电路元件的基本作用；
2. 掌握常用电路元件及电压、电流的测量方法；
3. 掌握欧姆定律，理解基尔霍夫定律；
4. 掌握直流电路、交流电路的测量方法；
5. 掌握放大电路；
6. 掌握直流稳压电路。

任务一 汽车直流电路的认识与测量

问题导入

汽车上普遍采用低压直流电源作为整车的供电，要掌握汽车电器系统的检修方法，就必须理解电的基础知识及电路的工作原理。

知识分析

一、电路的组成及基本状态

1. 电路的组成

电路是一种环形路线，是电流的通路，把电源、用电器（负载）、控制器件等用导线连接起来可以组成电路。如图2-1所示为简单的直流电路，通常由以下几部分组成。

（1）电源　电源是提供电能的器件，如干电池、蓄电池等。

（2）用电器（负载）　负载是利用电能工作的器件（消耗电能的器件），如灯泡、电阻、电动机。

(3) 控制器件　控制器件是控制电路通断和保护电路的器件，如开关、熔断器（保险丝）等。

(4) 导线　导线用来连接电路，如铜质导线、铝质导线等。

2. 电路模型

在电工电子技术中，为了更方便地分析和研究问题，通常描述电路时，用元器件符号画出的电路图代替实际元器件画出的实物图。使用元器件符号表示元器件且按一定方式连在一起的图称为电路原理图。图 2-1（a）所示为实际电路，图 2-1（b）为电路原理图。

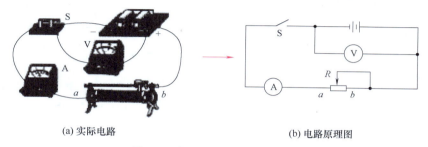

(a) 实际电路　　　　　　　　　　(b) 电路原理图

图 2-1　实际电路与电路原理图

3. 电路的基本物理量

(1) 电流　电荷的定向移动形成电流，电流是指单位时间内通过导体的横截面的电荷量。如果电流随时间变化，用小写字母 i 表示，即

$$i = \frac{\mathrm{d}q}{\mathrm{d}t} \tag{2-1}$$

式中，i 为电流，A；$\mathrm{d}q$ 为通过导体横截面的电荷量，C；$\mathrm{d}t$ 为时间，s。

如果电流不随时间变化，是恒定的直流，则用大写字母 I 表示，即

$$I = \frac{q}{t} \tag{2-2}$$

(2) 电压　带电体周围存在着电场，电荷在电场中会受到电场力，当电场力使电荷移动时（由 a 点移动到 b 点），电场力 F 就对电荷做了功，单位电荷移动所做的功被称为电压。如果电压随时间变化，用小写字母 u 表示，即

$$u_{ab} = \frac{\mathrm{d}W_{ab}}{\mathrm{d}q} \tag{2-3}$$

式中，u_{ab} 为 a 点到 b 点的电压，V；$\mathrm{d}W_{ab}$ 为正电荷 $\mathrm{d}q$ 由 a 点移动到 b 点所做的功，J。

如果电压不随时间变化，是恒定的直流，则用大写字母 U 表示

$$U_{ab} = \frac{W_{ab}}{q} \tag{2-4}$$

(3) 电压与电流的方向　电流和电压都存在实际方向，特别是交流电流和电压，其实际方向总是瞬变的。电流的实际方向规定为正电荷移动的方向，电压的实际方向规定为高电势端指向低电势端。为了便于电路分析，可任意选定某一方向作为电流（或电压）的参考方向，当参考方向与实际方向一致时，电流（或电压）取正值，其值大于零，当参考方向与实际方向相反时，电流（或电压）取负值，其值小于零。

电路图中电流（或电压）的参考方向可以用带箭头的直线表示，如 I_{ab} 表示电流从 a 指向 b，如图 2-2（a）和图 2-2（b）所示；U_{ab} 表示 a 点为高电势点，b 点为低电势点，如图 2-2（c）和图 2-2（d）所示。

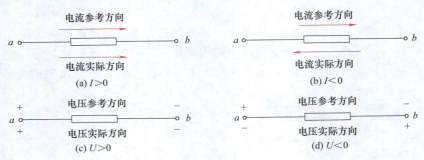

图 2-2　电压和电流的参考方向表示

图 2-2 中，电流（或电压）参考方向选定之后，电流（或电压）值的正与负就决定了电流（或电压）的实际方向。

（4）电位与电动势

① 电位　为了便于分析，在恒定电场中选取某一点 O 为参考点，规定参考点 O 的电位为 0V，即 $V_o=0$。电场力把单位正电荷 q 从电路中某一点 a 沿任意路径移动到参考点 O，电场力所做的功，称为 a 点的电位，记为 V_{ao}，那么电路中任意一点的电位，就是该点与参考点之间的电压。而电路中任意两点之间的电压，则等于这两点电位之差，即

$$U_{ab}=V_{ao}-V_{bo} \qquad (2-5)$$

参考点的选择是任意的，因为各点的电位高低是相对于参考点而言的，选取不同的参考点，电场中各点的电位值也就不同（电位可为正值或负值，某点的电位高于参考点，则为正，反之则为负），但是参考点一旦选定后，电场中各点的电位就只能有一个确定的数值。而电压的数值是不随参考点的变化而变化的，一旦 a、b 两点的位置确定，不管参考点如何变更，a、b 两点之间的电压只有一个数值。

② 电动势　电动势是一个专门描述电源内部特性的物理量，常用 E（或 e）表示。由于电场力的作用，正电荷不断地从 a 极经过导体移动到 b 极，这样做必然会改变电荷的分布。a 极的正电荷数不断减少，电位逐渐下降，而 b 极不断地得到从 a 极移来的正电荷，电位不断升高。随着时间的推移，a、b 两极之间的电位差将越来越小，它所产生的电场也就越来越弱，一旦 a、b 两极的电位相等，导体中便不再有电荷的移动。

为了维持导体中电荷源源不断的移动，以产生电流，必须要有一种外力克服电场力的作用从另一途径源源不断地把正电荷从低电位端（b 极）移到高电位端（a 极），使 a 极的电位升高，以保持导体中正电荷的不断移动，在电源内部就存在这种外力，称为电源力。电源力把正电荷从低电位端 b 经过电源内部移动到高电位端 a 所做的功就称为电源的电动势。

电动势是一个标量，但它和电流一样有规定的方向，即电源内部电动势 E 的方向规定从低电位端指向高电位端，也就是说，当电动势为正数时，电动势的方向就是电位升高的方向。电动势数值的大小与电源的开路电压相等，单位也是 V，因为当电源处于开路状态时，电源中没有电荷的移动，这时电场力与电源力相平衡，电场力和电源力对正电荷做功的能力相等。

（5）电功和电功率

① 电功　电功是电流所做的功，电流做功的实质是把电能转换为其他形式的能。电场力推动电荷做功，发生了能量的转换，电源输出的能量消耗在负载上，转换成其他形式的能量，如图2-3所示。

在图2-3中，电流I和电压U参考方向一致，在时间t内电荷Q受电场力的作用从A点经负载移到B点，电场力所做的功为：

$$W=UQ=UIt \quad (2-6)$$

式中，W为电功，J。有时电功也用度（kW·h）表示，1度＝1kW·h＝3.6×10^6J。

② 电功率　电功率用来表示做功的快慢，电流在1s做的功称为电功率。电功率的表达式为：

$$P=\frac{W}{t}=UI \quad (2-7)$$

式中，P为电功率，W。

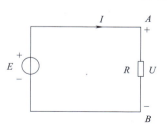

图2-3　电阻消耗能量

③ 电功率的性质　在电路分析中，有时不仅要计算某元件电功率的大小，还要判断功率的性质，即该元件是输出功率还是消耗功率。电压和电流的参考方向一致时，$P=UI$；电压和电流的参考方向不一致时，$P=-UI$，如图2-4（a）、（b）所示。$P>0$时，表示元件消耗功率，相当于负载；$P<0$，表示元件输出功率，相当于电源。

图2-4　电流与电压的关系示意图

4. 电气设备的额定值

为了保证电气设备在使用年限内安全、可靠的运行，制造厂家给出了设备各项性能指标，对其电流、电压和功率设定了一个限额值，这个限额值就称为电气设备的额定值。电气设备的额定值主要有额定电流I_N、额定电压U_N和额定功率P_N。

（1）额定电流　电气设备长时间运行以致温度达到最高允许温度时的电流，称为额定电流。额定电流用I_N表示。

（2）额定电压　为了限制电气设备的电流并考虑绝缘材料的绝缘性能等因素，允许加在电气设备上的电压限值，称为额定电压。额定电压用U_N表示。

（3）额定功率　在直流电路中，额定电压与额定电流的乘积就是额定功率，即$P=U_NI_N$。额定功率用P_N表示。

电气设备的额定值都标在铭牌上，使用时必须遵守。例如，一盏日光灯，标有"220V，40W"的字样，表示该灯在220V电压下使用，消耗功率为40W，若将该灯泡接在380V的电源上，则会因电流过大将灯丝烧毁；反之，若电源电压低于额定电压值，虽然灯泡仍能发光，但灯光比较暗淡。在额定范围内使用，才能保证用电设备的运行安全、可靠、经济、合理，并延长使用寿命。

在额定电压下，当负载的工作电流超过额定电流值时，称为超载或过载。反之，当负载的工作电流低于额定电流值时，称为欠载或轻载。当工作电流等于额定电流值时，称为满载。

5. 电路的基本状态

电路在不同的工作条件下会呈现不同的工作状态，也有不同的特点。充分了解电路不同的工作状态和特点对安全用电与正确使用各种类型的电气设备是十分必要的。直流电路的状态包括有载状态、开路状态和短路状态三种。

(1) 有载状态 接通电源 U_S（内阻为 R_O）和负载 R_L，电路中产生电流 I，即电路处于有载状态，如图 2-5 所示。有载状态的特点是电流在电路中形成闭合回路，负载上有电压和电流，存在功率消耗。

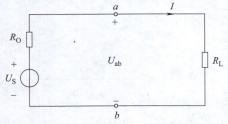

图 2-5 电路的有载状态

(2) 开路状态 电路中开关 K 未闭合，电路中没有电流。电路呈现开路状态（或断路状态），如图 2-6 (a) 所示。这时电源两端的端电压 U_{ab}（称为开路电压或空载电压）等于电源的电动势，因为没有负载消耗电能，所以电源不能输出功率。开路状态的特点是电路中没有电流，负载上没有电压和电流，不存在功率消耗。

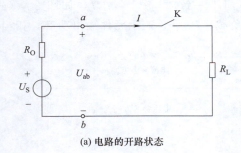

(a) 电路的开路状态

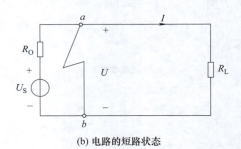

(b) 电路的短路状态

图 2-6 电路的开路及短路状态

(3) 短路状态 电路中电源的两端 a、b 由于某种原因被一根导线连接起来，这时电路所呈现的状态称为短路，如图 2-6 (b) 所示。电源短路时，外电路的电阻可视为零，电路中的电流不再流过负载电阻 R_L，而是通过短路导线 ab 直接流回电源。因为在电流的回路中只有很小的电源内阻 R_O，所以这时在电源电压作用下会产生极大的电流，这个电流被称为短路电流 I_S。

电源短路状态的特点是负载两端的电压为零，电源也不输出功率，电源所产生的电能全部为内阻 R_O 所消耗，并转换成热能，使得电源的温度迅速上升导致损坏。

二、汽车电路的主要部件

汽车上基本回路的构成如图 2-7 所示。

一辆汽车包含上千个单独的电路，其中，某些电路非常复杂，但其工作原理基本是一样的，若要构成一个完整的电路，就必须有电源、负载、控制器件和导线等，常见汽车电路组件如图 2-8 所示。

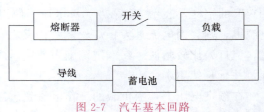

图 2-7 汽车基本回路

汽车蓄电池

汽车车灯

车体底盘

车用熔断器

车用继电器

汽车开关

车用电缆

图 2-8　汽车电路组件

三、电路的基本连接

1. 电阻的串联

将若干个电阻无分支地依次相连，如图 2-9 所示，这种连接方式称为电阻的串联。

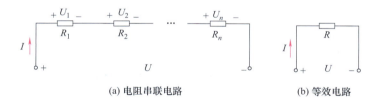

(a) 电阻串联电路　　　　　　(b) 等效电路

图 2-9　电阻串联及其等效电路

串联电阻电路具有以下特点。

① 通过各个电阻的电流相同，即

$$I=I_1=I_2=\cdots=I_n\ (I_n\ 表示流过第\ n\ 个电阻的电流) \tag{2-8}$$

② 串联电阻两端的总电压 U 等于各电阻上电压的代数和，即

$$U=\sum_{i=1}^{n}U_i=U_1+U_2+\cdots+U_n \tag{2-9}$$

③ 串联电阻电路的总电阻（等效电阻）R 等于各电阻值 R_i 之和，即

$$R=\sum_{i=1}^{n}R_i=R_1+R_2+\cdots+R_n \tag{2-10}$$

④ 各串联电阻电压与其阻值成正比，即

$$U_1 = IR_1 = \frac{UR_1}{R}$$

$$U_2 = IR_2 = \frac{UR_2}{R} \tag{2-11}$$

$$\vdots$$

$$U_n = IR_n = \frac{UR_n}{R}$$

串联电阻电路的这一特性，称为分压特性。

⑤ 串联电阻电路消耗的总功率 P 等于各串联电阻消耗的功率之和，即

$$P = \sum_{i=1}^{n} P_i = P_1 + P_2 + \cdots + P_n \tag{2-12}$$

2. 电阻的并联

将若干电阻首尾端分别连接在两个公共节点之间，如图 2-10 所示，这种连接方式称为电阻的并联。

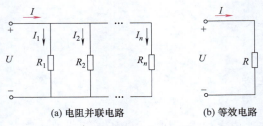

(a) 电阻并联电路　　　(b) 等效电路

图 2-10　电阻并联及其等效电路

并联电阻电路具有以下特点。

① 各并联电阻的端电压相同，即

$$U = U_1 = U_2 = \cdots = U_n \ (U_n\text{ 表示流过第 }n\text{ 个电阻的端电压}) \tag{2-13}$$

② 流过并联电阻电路的总电流 I 等于各支路电流的代数和，即

$$I = \sum_{i=1}^{n} I_i = I_1 + I_2 + \cdots + I_n \tag{2-14}$$

③ 并联电阻电路的总电阻 R 的倒数等于各并联电阻倒数之和，即

$$\frac{1}{R} = \sum_{i=1}^{n} \frac{1}{R_i} = \frac{1}{R_1} + \frac{1}{R_2} + \cdots + \frac{1}{R_n} \tag{2-15}$$

也可以说，并联电阻电路的总电导 G 等于各并联电阻电导之和，即

$$G = \sum_{i=1}^{n} G_i = G_1 + G_2 + \cdots + G_n \tag{2-16}$$

④ 流过各并联电阻的电流与其阻值成反比，即

$$I_1 = \frac{U}{R_1} = \frac{IR}{R_1}$$

$$I_2 = \frac{U}{R_2} = \frac{IR}{R_2} \tag{2-17}$$

$$\vdots$$

$$I_n = \frac{U}{R_n} = \frac{IR}{R_n}$$

并联电阻电路的这一特性，称为分流特性。

对于两个电阻并联的电路，如图 2-11 所示，其等效电阻为

$$R = \frac{R_1 R_2}{R_1 + R_2}$$

两个并联电阻上的电流分别为

$$I_1 = \frac{IR_2}{R_1 + R_2}$$

$$I_2 = \frac{IR_1}{R_1 + R_2} \tag{2-18}$$

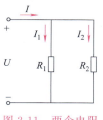

图 2-11　两个电阻并联电路

⑤ 并联电阻电路消耗的总功率 P 等于各并联电阻消耗的功率之和，即

$$P = \sum_{i=1}^{n} P_i = P_1 + P_2 + \cdots + P_n = \frac{U^2}{R_1} + \frac{U^2}{R_2} + \cdots + \frac{U^2}{R_n} \tag{2-19}$$

由式（2-19）可知，各并联电阻消耗的功率与其阻值成反比。

在实际电路中，负载一般都是并联使用的，它们处于同一电压之下。并联的负载越多，总的负载电阻越小，负载消耗的总功率和电路中的总电流就越大。

3. 电容的串联

把两个或两个以上的电容连接成一串，使电荷分布到每个电容的极板上，这种连接方式称为电容的串联，如图 2-12 所示，多个电容构成的串联电路，也可以用一个等效电容来代替。

电容串联时，总电容量 C 与各电容之间的关系为

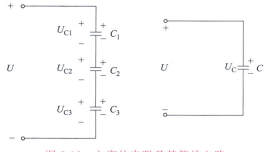

图 2-12　电容的串联及其等效电路

$$\frac{1}{C} = \frac{1}{C_1} + \frac{1}{C_2} + \frac{1}{C_3} \tag{2-20}$$

4. 电容的并联

把两个或两个以上的电容并列地连接在两点之间，使每一电容两端承受电压相同的连接方式称为电容的并联，如图 2-13 所示。多个电容构成的并联电路，也可以用一个等效电容来代替。

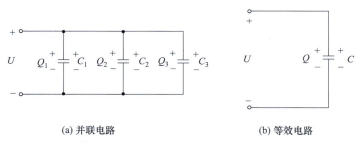

(a) 并联电路　　　　　　　　　　(b) 等效电路

图 2-13　电容的并联及其等效电路

电容并联时，总电容量 C 与各电容之间的关系为

$$C = C_1 + C_2 + C_3 \tag{2-21}$$

5. 电感的串联

把两个或两个以上的电感连接成一串，这种连接方式为电感的串联，如图 2-14 所示。多个电感构成的串联电路，也可以用一个等效电感来代替。

若有两个电感相串联，则其等效电感为

$$L = L_1 + L_2 \tag{2-22}$$

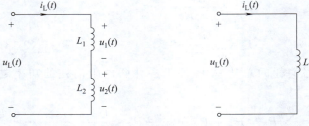

图 2-14　电感的串联及其等效电路

6. 电感的并联

把两个或两个以上的电感并列地连接在两点之间，使每一电感两端承受电压相同的连接方式称为电感的并联，如图 2-15 所示。多个电感构成的并联电路，也可以用一个等效电感来代替。两个电感相并联，则其等效电感为

$$\frac{1}{L} = \frac{1}{L_1} + \frac{1}{L_2}$$

$$L = \frac{L_1 L_2}{L_1 + L_2} \tag{2-23}$$

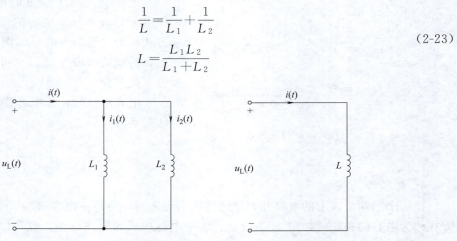

图 2-15　电感的并联及其等效电路

7. 电池的串并联

在实际应用中，常常需要有较高的电压或较大的电流，也就需要把几个相同的电池连在一起使用，连在一起使用的几个电池称为电池组。电池的基本接法有串联和并联两种。

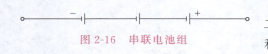

图 2-16　串联电池组

（1）电池的串联　把第一个电池的正极和第二个电池的负极相连接，再把第二个电池的正极和第三个电池的负极相连接，像这样依次连接起来，就组成了串联电池组，如图 2-16 所示。第一个电池的正极就是电池组的正极，最后一个电池的负极就是电池组的负极。

设串联电池组由 n 个电动势都是 E、内电阻都是 R_0 的电池组成，则整个电池组的电动势为

$$E_{串} = nE \tag{2-24}$$

由于电池是串联的,电池的内电阻也是串联的,因此,串联电池组的内电阻为

$$R_{O串} = nR_O \tag{2-25}$$

所以,串联电池组的电动势等于各个电池电动势之和,其内电阻等于各个电池内电阻之和。

(2)电池的并联 把电动势相同的电池的正极和正极相连接,负极和负极相连接,就组成了并联电池组,如图2-17所示。并联在一起的正极是电池组的正极,并联在一起的负极是电池组的负极。

设并联电池组由n个电动势都是E、内电阻都是R_O的电池组成,则并联电池组的电动势为

$$E_{并} = E \tag{2-26}$$

由于电池是并联的,电池的内电阻也是并联的,因此,并联电池组的内电阻为

$$R_{O并} = \frac{R_O}{n} \tag{2-27}$$

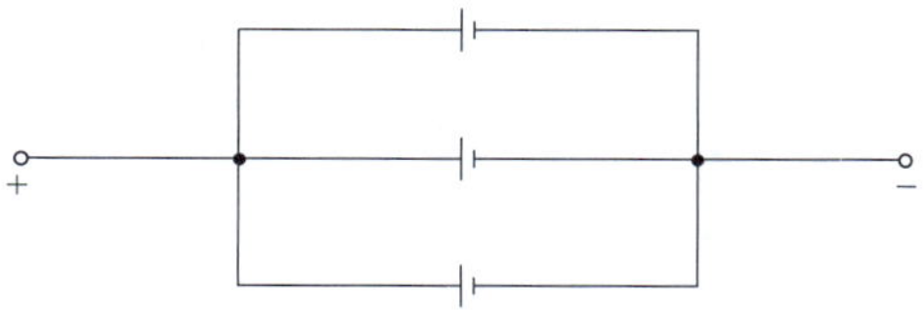

图2-17 并联电池组

所以并联电池组的电动势等于一个电池的电动势,其内电阻等于一个电池内电阻的n分之一。

四、欧姆定律

1. 部分电路欧姆定律

线性电阻R两端所加的电压U与其通过的电流I成正比。如图2-18所示,可以表示为:

$$U = RI$$
$$I = \frac{U}{R} \tag{2-28}$$

如果在电路的某一支路中不但有电阻元件,而且有电源,如图2-19所示,可先设定有关电压、电流的参考方向,再列出a、b两点之间的电压方程为

$$U_{ab} = R_1 I + E_1 + R_2 I - E_2 \tag{2-29}$$

式中,当端电压U与电流I方向一致时,端电压取"+",反之取"−";当电动势E与电流I的参考方向一致时,电动势取"+",反之取"−"。

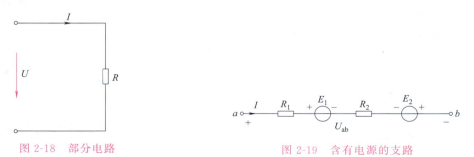

图2-18 部分电路   图2-19 含有电源的支路

2. 全电路欧姆定律

一个包含电源、负载在内的闭合电路称为全电路,电源的内部一般都是有电阻的,这个

电阻称为电源的内电阻,用 R_O 表示。开关 S 闭合时,负载 R_L 上就有电流通过,如图 2-20 所示,电流大小为:$I = \dfrac{U_S}{R_O + R_L}$。

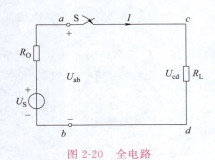

图 2-20 全电路

例 2-1 如图 2-20 所示,已知电源 $U_S = 5\text{V}$,内阻 $R_O = 1\Omega$,外接负载 $R_L = 4\Omega$,试计算开关 S 断开与闭合两种情况下的电压 U_{ab} 和 U_{cd}。

解:(1)开关 S 断开时,电流 $I = 0$,根据欧姆定律,R_O 和 R_L 上的电压为 0V,可得到
$$U_{ab} = 5\text{V}, U_{cd} = 0\text{V}$$

(2)开关 S 闭合时,根据欧姆定律可得到:
$$I = \dfrac{U}{R_O + R_L} = \dfrac{5}{1+4}\text{A} = 1\text{A}$$
$$U_{ab} = U_{cd} = IR_L = 1 \times 4\text{V} = 4\text{V}$$

五、基尔霍夫定律

基尔霍夫定律是分析和计算电路的基本定律之一。它指出了当电路结构确定后,电路中流入任意节点的电流之间的关系以及回路电压之间的关系。

基尔霍夫定律包含基尔霍夫电流定律(KCL)和基尔霍夫电压定律(KVL)。基尔霍夫定律既适用于线性直流电路、交流电路,也适用于非线性电路。为了更好地掌握该定律,先解释几个有关的名词术语。

1. 名词术语

(1)支路。支路就是电路中没有分支的一段电路,由若干元件串联组成。含有电源元件的支路称为有源支路;不含电源元件的支路称为无源支路。如图 2-21 所示,有 abc、ac、adc 3 条支路。其中 ac 为无源支路,abc 和 adc 为有源支路。

(2)节点。电路中 3 条或 3 条以上支路的交汇点称为节点。如图 2-21 所示,a、c 是节点。

(3)回路。电路中任一闭合的路径称为回路。如图 2-21 所示,有 abca、abcda 和 acda 3 个回路。

(4)网孔。除组成回路的支路外,内部不含有其他支路的回路,称为网孔。如图 2-21 所示,有 abca 和 acda 两个网孔。

2. 基尔霍夫电流定律(KCL)

基尔霍夫电流定律简称 KCL,它是确定电路中节点处各支路电流之间关系的定律。KCL 可表述为:任一瞬间,流入一个节点的电流总和等于从该节点流出的电流总和。对图 2-21 电路中的节点 a,由 KCL 可得

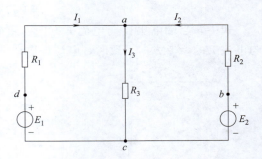

图 2-21 电路名词示意图

$$I_1 + I_2 = I_3 \qquad (2\text{-}30)$$

或

$$I_1 + I_2 - I_3 = 0 \qquad (2\text{-}31)$$

其一般形式可写成

$$\sum I = 0 \tag{2-32}$$

上式指出，任一时刻，电路中节点处电流的代数和为零。如果设定流入节点的电流取正号，则从节点流出的电流就取负号。

基尔霍夫电流定律的物理本质就是电荷守恒定理，它反映出电流的连续性。电荷在电路中流动，在任何一个点（包括节点）上既不会消失，也不会堆积，体现了电荷的守恒。

式（2-32）称为基尔霍夫电流方程或节点电流方程。必须注意的是，在应用 KCL 时，应首先在电路图上设定电流的参考方向。

KCL 不仅适用于电路中的节点，也可推广应用到电路中任意假设的封闭面。例如图 2-22 所示电路，用虚线框对三角形电路做一封闭面，根据图 2-22 上各电流的参考方向，对电路中 A、B 和 C 3 个节点应用 KCL 时，则有

$$I_A + I_{CA} - I_{AB} = 0$$
$$I_B + I_{AB} - I_{BC} = 0$$
$$I_C + I_{BC} - I_{CA} = 0$$

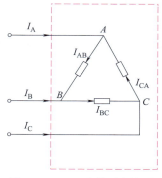

图 2-22 KCL 定律示例电路

将上列 3 式相加可得

$$I_A + I_B + I_C = 0 \tag{2-33}$$

可见，KCL 推广到电路中任意假设的封闭面应用时，仍是正确的。要注意的是，当应用 KCL 时会遇到两套正、负号问题：一套是电流变量前的运算符号的选择，它取决于电流变量的参考方向与节点的关系（流入取正、流出取负或相反）；另一套是电流值的正、负，它取决于参考方向和实际方向的关系。因此，KCL 方程式中的变量是代数量。

3. 基尔霍夫电压定律（KVL）

基尔霍夫电压定律指出，在任一时刻，沿电路中任一闭合回路，各段电压降的代数和等于零，即

$$\sum U = 0 \tag{2-34}$$

在应用 KVL 列写方程式之前，同样应首先对电路中各支路设定电流的参考方向及元件两端电压的参考方向，其次再任意选定一个回路的绕行方向。电压的参考方向与绕行方向一致时，则此电压前取正号；电压的参考方向与绕行方向相反时，该电压前取负号。图 2-23 为电路中某一回路，电流、电压的参考方向及绕行方向在图 2-23 上已标出。按图 2-23 中设定的方向，根据 KVL 可列出

$$U_{AB} + U_{BC} + U_{CD} - U_{AD} = 0 \tag{2-35}$$

式中，各支路电压值本身又是可正可负的，即式中也有两套正、负号问题。运算符号的正、负取决于电压参考方向和绕行方向的关系；电压值的正、负取决于电压参考方向与实际方向是否一致。

上式又可改写成：

$$U_{AB} + U_{BC} = U_{AD} - U_{CD} \tag{2-36}$$

或 $U_{AB} + U_{BC} = U_{AD} + U_{DC}$（因为 $U_{DC} = -U_{CD}$） (2-37)

可以看出，两节点间各支路电压是相等的。基尔霍夫电压定律反映了电压与路径无关的性质。

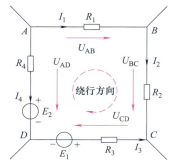

图 2-23 KVL 定律示例电路一

如果各支路是由电阻元件和电源电动势所组成,那么运用欧姆定律可改写 KVL 的表达形式。对于图 2-23 的回路,则有 $U_{AB}=R_1I_1$,$U_{BC}=R_2I_2$,$U_{CD}=-R_3I_3+E_1$,$U_{AD}=R_4I_4+E_2$,把它们代入前式中,经整理后可得

$$R_1I_1+R_2I_2-R_3I_3-R_4I_4=-E_1+E_2 \tag{2-38}$$

或

$$\Sigma(RI)=\Sigma E \tag{2-39}$$

就是说任一回路内,电阻上电压降的代数和等于电动势的代数和。其中,电流参考方向与回路绕行方向一致者,电压降取正号,如 R_1I_1;相反者,则取负号,如 $-R_3I_3$;电动势的参考方向与回路绕行方向一致者,前面取正号,如 E_1;相反者,前面取负号,如 $-E_2$。式(2-39)是基尔霍夫电压定律的另一种表达式,它只适用于电阻电路。

基尔霍夫电压定律还可以推广应用于开口电路。如图 2-24 所示电路不是闭合回路,但在电路 A、B 开口端存在电压 U_{AB},可以假想它是一个闭合回路,如按顺时针(或逆时针)绕行方向循此开口电路一周,根据 KVL 则有

$$U_1+U_2-U_{AB}=0 \tag{2-40}$$

经移项

$$U_{AB}=U_1+U_2(U_2=E) \tag{2-41}$$

说明 A、B 两端开口电路的电压等于 A、B 两端另一支路各段电压之和,它仍反映了电压与路径无关的性质。

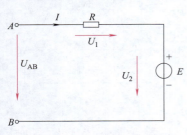

图 2-24 KVL 定律示例电路二

工作任务

一、直流电路认知

识读如图 2-25 所示的电路,回答下面的问题。

图 2-25 简单电路连接

(1)识读电路原理图,并说明各元器件的作用

电池:　　　　熔断器:

开关:　　　　灯泡:

(2)用导线按照示意图连成完整电路

(3)连接好电路,检查无误后闭合电源开关,观察实训现象,并记录下来:

二、直流电路测试

1. 领取工具和导线,按照图 2-26 所示电路完成接线。

项目二 汽车基本电路的认识与测量

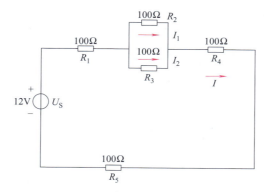

图 2-26 实训电路图

2. 复习万用表的使用方法,测试如下表所示的内容,并将测试结果填写在下表中。

电压	计算值	测量值	电流	计算值	测量值
U_{R1}			I		
U_{R3}			I_1		
U_{R4}			I_2		
U_{R5}					

3. 写出 U_S 和 U_{R1}、U_{R3}、U_{R4}、U_{R5} 的关系,I 和 I_1、I_2 的关系。

任务二　汽车交流电路的认识与测量

问题导入

在现代汽车中,普遍采用的是交流发电机,因为交流发电机能够在更低的发动机转速下产生足够的电流,交流发电机产生的是正弦交流电,那么什么是正弦交流电呢?发电机产生的交流电怎么转换为直流电呢?本任务主要学习正弦交流电和整流电路的相关内容。

知识分析

一、正弦交流电的基本概念

1. 正弦交流电概述

在交流电路中,电压或电流的大小和方向都在随时间而变化,其变化规律多种多样,应用得最普遍的是按正弦规律变化的交流电。正弦交流电通常可分为单相和三相两种。单相电路中的一些基本概念、基本规律和基本分析方法同样适用于三相电路。另外,在直流电路中所讲的一些基本原理及分析方法等在交流电路中也同样适用,只不过要注意在交流电路中由于电压、电流等均为随时间变化的物理量,所以交流电路的分析方法与直流电路相比较,还有概念上的一些差别和不同的物理现象,在分析时应加以注意。

2. 正弦交流电的方向

图 2-27 为某一正弦电压和某一正弦电流的波形图,由于正弦交流电压或电流的大小和

方向都在随时间作正弦规律变化，它的实际方向经常都在变动，如不规定电压、电流的参考方向就很难用一个表达式来确切地表达出任何时刻电压、电流的大小及其实际方向，参考方向的规定和前述一样，电流的参考方向可用箭头或双下标表示，电压的参考方向还可用"＋""－"极性来表示。

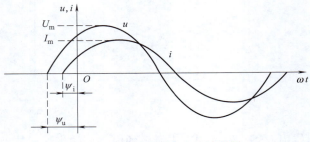

图 2-27　正弦电压和电流波形图

当正弦电压或电流的瞬时值 u 或 i 大于零时，正弦波形处于正半周，否则就处于负半周。u 或 i 的参考方向即代表正半周时的方向，在正半周，由于 u 或 i 的值为正，所以参考方向与实际方向相同；在负半周，由于其值为负，所以参考方向与实际方向相反。

3. 正弦交流电的基本参数

任何一个交流发电机的电动势都可以用 $e(t)=E_m\sin(\omega t+\varphi)$ 来表示，不同的电动势具有不同的 E_m、ω、φ 数值。根据式 $e(t)=E_m\sin(\omega t+\varphi)$ 可以计算出正弦交流电电动势在某一时刻的大小，正弦交流电在某一时刻的大小称为交流电的瞬时值。因此，式 $e(t)=E_m\sin(\omega t+\varphi)$ 是正弦电动势的瞬时值表达式，简称瞬时值，记作 $e(t)$。

$e(t)$ 中 E_m、ω、φ 三个数值决定了正弦电动势的本质特性，E_m 称为正弦电动势的最大值，ω 称为正弦电动势的角频率，φ 称为正弦电动势的初相位。E_m、ω、φ 统称为正弦电动势的三要素，如图 2-28 所示。

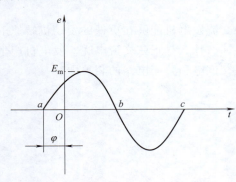

图 2-28　正弦交流电电动势的波形图

在图 2-28 中，最大值 E_m 反映着波形高于横轴最大高度，实际中 E_m 表征了正弦电动势携带能量的多少；ω 反映着波形变化的快慢，实际表征了能量的变换速率；φ 反映着波形初始位置，实际表征了正弦电动势初始值的大小。把对正弦电动势的描述推广至正弦电压和正弦电流，便得到了描述正弦交流电的三个重要参数：最大值、频率和初相。

（1）最大值　正弦交流电瞬时值中最大的那个数值，称为最大值，它反映该交流电变化的幅度，其数值对给定的交流电来说是个定值。通常用大写英文字母加下标表示，如 E_m、U_m、I_m 分别表示正弦交流电电动势、交流电压、交流电流的最大值。

（2）频率　1s 内信号重复变化的次数称为频率，用 f 表示，其单位是赫兹（Hz），还可用千赫（kHz）、兆赫（MHz）计量频率。它们的关系是 $1MHz=10^3 kHz=10^6 Hz$。

周期定义为频率的倒数，它表示交流信号变化一次所需的时间，用 T 表示，其单位是秒（s），还可用毫秒（ms）、微秒（μs）计量时间。由频率与周期的定义可以得到如下关系式：

$$T = \frac{1}{f} \tag{2-42}$$

频率是反映交流电变化快慢的一个物理量。我国和大多数国家规定电力标准频率为50Hz，周期为0.02s。日本、美国等少数国家采用60Hz，其他不同的领域使用不同的频率，中频炉的频率是500～8000kHz，我国无线电广播中波段的信号频率为525～1605kHz，移动通信使用的频率在1～40GHz。

正弦交流电每秒内变化的角度称为角频率，用 ω 表示，单位是弧度每秒（rad/s），也表示正弦交流电变化的快慢。因为一个周期经过的角度 $\alpha = 2\pi$ rad，故角频率与频率、周期三者之间的关系为

$$\omega = 2\pi f = \frac{2\pi}{T} \tag{2-43}$$

若 $f = 50$ Hz，$\omega = 2\pi f = 314$ rad/s，可见周期、频率、角频率都用来表示正弦交流电变化的快慢，知道其中一个量，就可以确定出另外两个量。

（3）初相　正弦交流电压一般表达式为

$$u(t) = U_m \sin(\omega t + \varphi_u) \tag{2-44}$$

式中，φ_u 为 $t = 0$ 时的相位值，称为初相位，简称初相。初相确定了交流电在计时零点的瞬时值，相位和初相的单位都是弧度（rad）或度（°），图2-29是初相不同的几种正弦电流的波形。一般规定 $-\pi \leq \varphi \leq \pi$。当 $t = 0$ 时，如果交流电的数值为正，则初相 φ 是一个正角。

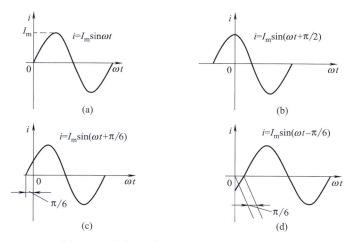

图2-29　初相不同的几种正弦波电流的波形

4. 正弦交流电的有效值、相位、相位差

（1）有效值　在正弦交流电的计算和分析中，计算每一瞬间的电压和电流的大小是没有多大实际意义的，为此引入一个表示正弦电压或电流大小的特定值，即有效值。

有效值是从电流的热效应来规定的，当交流电流在电阻上产生的热效应与某一直流电流在这个电阻上产生的热效应相同时，则称此直流电流为这个交流电流的有效值。有效值与幅值的关系为

$$U = \frac{U_m}{\sqrt{2}}, I = \frac{I_m}{\sqrt{2}} \qquad (2\text{-}45)$$

在实际工作中,一般提到的交流电的大小,都是指它们的有效值。照明电路的电源电压有效值为220V,工厂动力电路的电源电压有效值为380V。用交流电工仪表测出来的电压、电流值一般均为有效值。通常,工作在交流电路中的电气设备的额定电压、额定电流值也是有效值。有效值用大写字母表示,这和直流时是一样的,在使用时应注意区别。

(2) 相位 在 $u(t) = U_m \sin(\omega t + \varphi)$ 中,$(\omega t + \varphi)$ 称为正弦量的相位,亦称相位角,它反映了正弦量随时间变化的进程对于某一给定的时间 t 就有对应的相位角,它代表了交流电的变化过程。当 $t = 0$(计时起点)时的相位角 φ 就称为初相角,简称初相。

(3) 相位差 任何两个交流电的相位角之差称为相位差。本书只比较角频率相同的不同交流电之间的相位差。

如前所述,角频率为 ω 的正弦电压和正弦电流的瞬时值分别为

$$u(t) = U_m \sin(\omega t + \varphi_u)$$
$$i(t) = I_m \sin(\omega t + \varphi_i)$$

u 与 i 的相位差为 $\quad \Delta\varphi = (\omega t + \varphi_u) - (\omega t + \varphi_i) = \varphi_u - \varphi_i \qquad (2\text{-}46)$

由此可见,同频率正弦交流电的相位之差等于它们的初相之差,与时间无关,是个固定值。如果时间起点选择有所变化,则电压的初相和电流的初相将随之改变,但相位差不变。$\Delta\varphi > 0$,说明 $\varphi_u > \varphi_i$,则电压 u 比电流 i 先达到最大值(或零点),称电压"超前"电流一个相位角 $\Delta\varphi$,或称电流 i "滞后"于电压 u 个相位角 $\Delta\varphi$,如图2-30(a)所示。超前与滞后是相对的,是指它们到达最大值的顺序。若 $\Delta\varphi = 0$,表示电压 u 与电流 i 同相位,这时电压 u 与电流 i 称为同步,如图2-30(b)所示,同步说明两个交流电既同频又同相。当 $\Delta\varphi = 180°$时,这时说明 u 和 i 相位相反,或者说 u 和 i 反相,如图2-30(c)所示。

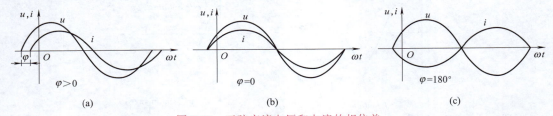

图 2-30 正弦交流电压和电流的相位差

例 2-2 交流电路中某条支路的电流 $i = 10\sin(628t + 45°)$A,试求:(1) i 的角频率、频率、周期;(2) i 的最大值与有效值;(3) i 的初相位;(4) 若该电路中另一条支路电流 i_1 其有效值是 i 的 1/2,初相位为 60°,写出 i_1 的瞬时值表达式,并求两电流的相位差,说明二者之间的相位关系。

解:(1) i 的角频率: $\omega = 628 \text{rad/s}$

频率:$f = \dfrac{\omega}{2\pi} = \dfrac{628}{2\pi}\text{Hz} = 100\text{Hz}$

周期:$T = \dfrac{1}{f} = \dfrac{1}{100}\text{s} = 0.01\text{s}$

(2) i 的最大值 $I_m = 10\text{A}$

有效值:$I = \dfrac{10}{\sqrt{2}}\text{A} = 7.07\text{A}$

(3) i 的初相位：$\varphi_i = 45°$。

(4) 同一交流电路中，所有的交流电具有相同的角频率，所以 $\omega_1 = \omega = 628\text{rad/s}$。因为 i_1 的有效值是 i 的 1/2，所以最大值为：$I_{1m} = \dfrac{1}{2} I_m = 5\text{A}$。

i_1 的瞬时值为 $i_1(t) = 5\sin(628t + 60°)\text{A}$

相位差 $\Delta\varphi = \varphi_i - \varphi_{i1} = 45° - 60° = -15°$，电流 i 滞后于电流 i_1 有 15°的相位角。

二、正弦交流电路

正弦交流电路是指含有正弦交流电源的线性电路，常见的有电阻电路、电容电路和电感电路。

1. 电阻电路

图 2-31 所示为只含有电阻元件 R 的电路，电压、电流的参考方向如图所示。在交流电路中，通过电阻元件的电流和它两端的电压遵循欧姆定律。

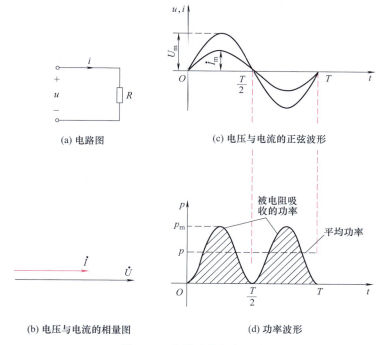

(a) 电路图　　(c) 电压与电流的正弦波形

(b) 电压与电流的相量图　　(d) 功率波形

图 2-31　电阻元件交流电路

设加在电阻元件两端的正弦交流电压为

$$u = U_m \sin\omega t = \sqrt{2} U \sin\omega t \tag{2-47}$$

根据欧姆定律，电路的电流为

$$i = \dfrac{u}{R} = \dfrac{U_m}{R}\sin\omega t = \sqrt{2}\dfrac{U}{R}\sin\omega t = I_m \sin\omega t = \sqrt{2} I \sin\omega t \tag{2-48}$$

式（2-48）表明，电阻元件中电流和其两端的电压是同频率的正弦量。比较电压和电流的数学表达式，有如下数量关系。

① 电压和电流最大值关系为 $I_m = \dfrac{U_m}{R}$。

② 电压和电流有效值关系为 $I = \dfrac{U}{R}$。

③ 相位关系：电压与电流同相位，即 $\varphi_u = \varphi_i$，相位差 $\Delta\varphi = 0$。

2. 电容电路

图 2-32 为含有电容元件 C 的电路，电压、电流为如图所示的关联参考方向。

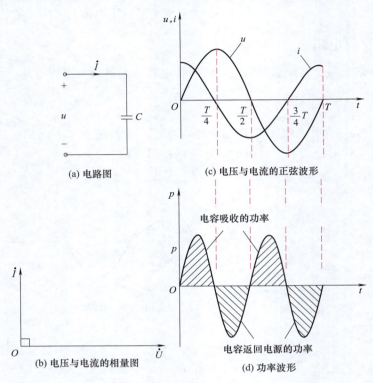

图 2-32　电容元件交流电路

设加在电容元件上的正弦交流电压为

$$u = U_m \sin\omega t = \sqrt{2} U \sin\omega t \tag{2-49}$$

则通过电容元件的电流为

$$i = C\dfrac{du}{dt} = \omega C U_m \cos\omega t = I_m \sin(\omega t + 90°) \tag{2-50}$$

式（2-50）表明，电容元件中的电压和电流是同频率的正弦量。比较电压和电流的数学表达式，有如下数量关系。

① 电压和电流最大值的关系为 $I_m = \omega C U_m$ 或 $U_m = \dfrac{I_m}{\omega C}$。

② 电压和电流有效值关系为 $I = \omega C U$ 或 $U = \dfrac{I}{\omega C}$。

令

$$X_C = \dfrac{1}{\omega C} = \dfrac{1}{2\pi f C} \tag{2-51}$$

则

$$I = \dfrac{U}{X_C} \tag{2-52}$$

X_C 称为容抗,单位为欧姆(Ω),容抗是表示电容对电流阻碍作用大小的一个物理量,它与 C 和 ω 成反比,对于一定的电容 C,频率越高,它呈现的容抗越小,反之越大。即对于一定的电容 C,它对低频电流呈现的阻力大,对高频电流呈现的阻力小,在直流情况下可以看做频率 $f=0$,故 $X_C=\infty$,电容 C 相当于开路,因此电容元件具有"通交流、阻直流"或"通高频、阻低频"的特性。因此它在电子电路中可起到隔直、旁路、滤波等作用。

③ 相位关系:电容元件电路中,电压和电流出现了相位差,电压滞后电流90°,或者说电容电流超前电压90°。

3. 电感电路

图 2-33 为含有电感元件 L 的电路,电压、电流为如图所示的关联参考方向。

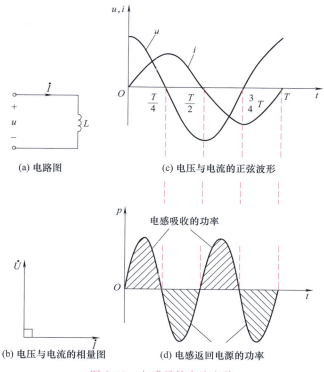

图 2-33 电感元件交流电路

设通过电感元件上的正弦交流电流为

$$i = I_m \sin\omega t = \sqrt{2} I \sin\omega t \tag{2-53}$$

则电感元件的端电压为

$$u = L\frac{di}{dt} = \omega L I_m \sin(\omega t - 90°) = U_m \sin(\omega t + 90°) \tag{2-54}$$

式(2-54)表明,电感元件中的电流与其两端的电压是同频率的正弦量。比较电压和电流的数学表达式,有如下数量关系。

① 电压和电流最大值的关系为 $U_m = \omega L I_m$ 或 $I_m = \dfrac{U_m}{\omega L}$。

② 电压和电流有效值关系为 $I = \dfrac{U}{\omega L}$。

令 $$X_L = \omega L = 2\pi f L \tag{2-55}$$
则 $$U = X_L I \tag{2-56}$$

X_L 称为感抗,单位为欧姆(Ω),感抗是表示电感对电流阻碍作用大小的一个物理量,它与 L 和 ω 成正比,对于一定的电感 L,频率越高,它呈现的感抗越大,反之越小。即对于一定的电感 L,它对高频电流呈现的阻力大,对低频电流呈现的阻力小,在直流情况下可以看做频率 $f=0$,故 $X_L=0$,电感 L 相当于短路,因此电感元件具有"阻交流、通直流"或"阻高频、通低频"的特性。

③ 相位关系:电感元件电路中,电压和电流出现了相位差,电压超前电流90°。

三、三相交流电路

三相正弦交流电压由三个单相正弦交流电压组成,三个单相正弦交流电压分别为 U 相、V 相和 W 相,它们幅值相等、频率相同,之间的相角差为120°。目前,三相交流电路在发电、输电、配电及用电等方面,都比单相交流电路具有更多的优越性,主要体现在如下几个方面:发电方面,同样尺寸的发电机,采用三相电路比单相电路可以增加输出功率;输电方面,在输电距离、输电电压、输送功率及线路损耗等相同的条件下,三相输电线路比单相输电线路节省有色金属约四分之一;配电方面,三相变压器比单相变压器经济,而且便于接入三相或者单相负载;用电方面,常用的三相电动机具有结构简单、运行平稳可靠等优点。因此在动力用电的地方,应用的几乎都是三相交流电,三相制也是目前世界各国的主要发电和供电方式。

(1)三相电动势的产生 三相电源是由三相交流电动势组成的。三相交流电动势则是由三相交流发电机产生的(或由三相变压器提供)。现以三相交流发电机为例,说明三相交流电动势的产生原理。如图2-34所示,在三相交流发电机的定子上对称放置三个匝数相同、绕法一样的绕组 Ax、By 和 Cz,A、B、C 分别为3个绕组的始端,x、y、z 分别为其末端,每个绕组均可用图2-35所示的符号来表示。发电机的转子上绕有线圈,通入直流电后形成磁场。转子由原动机拖动,并作匀速旋转,由于转子磁场切割定子导体,在各相绕组里产生感应电动势,这些电动势将按正弦规律作周期性变化,它们的正方向统一规定为从绕组的末端指向始端。

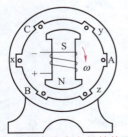

图2-34 三相交流发电机结构示意图

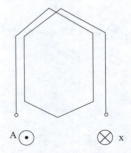

图2-35 A 相绕组示意图

在图2-34中,若磁极按顺时针方向从 Ax 绕组的垂直位置开始转起,则 Ax 绕组中产生的电动势初相位是零,用三角函数表示为

$$e_A = E_{Am}\sin\omega t \tag{2-57}$$

By 绕组所处的空间位置比 Ax 绕组落后 120°，感应电动势为

$$e_B = E_{Bm}\sin(\omega t - 120°) \tag{2-58}$$

Cz 绕组所处的空间位置比 Ax 绕组落后 240°，感应电动势应当为

$$e_C = E_{Cm}\sin(\omega t - 240°) = E_{Cm}\sin(\omega t + 120°) \tag{2-59}$$

上述 3 个电动势的最大值相等，频率一样，彼此间的相位角各差 120°，这样的电动势称为对称三相电动势。通常三相电源产生的三相电动势均对称。

（2）三相电压　星形连接的三相电源可以提供两种电压，即相电压和线电压。

① 相电压　如图 2-36 所示的三相四线制电源中，三相电源的任意一根相线与中性线间的电压，即每组绕组始端与末端之间的电压，称为相电压。相电压可统一用 U_P 表示，有效值用 U_A、U_B、U_C 表示。规定各相电动势的正方向是从绕组的末端指向始端，那么各相电压的正方向就是从绕组的始端指向末端。在这一规定下可知，各相绕组的电压就等于电动势。而三相电动势是对称的正弦量，所以三相电压也一定是对称的正弦量。当 u_A 的初相角为零时，用三角函数表示就有

$$u_A = E_m\sin\omega t$$
$$u_B = E_m\sin(\omega t - 120°)$$
$$u_C = E_m\sin(\omega t + 120°) \tag{2-60}$$

三相电压波形如图 2-36（a）所示。

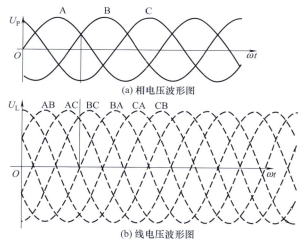

图 2-36　相电压与线电压波形对应图

② 线电压　通常将任意两端线之间的电压，称为线电压。线电压可统一用 U_L 表示，线电压波形图如图 2-36（b）所示。

线电压不等于相电压，但它们之间存在一定的关系。由图 2-37 所示电路可知

$$\dot{U}_{AB} = \dot{U}_A - \dot{U}_B$$
$$\dot{U}_{BC} = \dot{U}_B - \dot{U}_C$$
$$\dot{U}_{CA} = \dot{U}_C - \dot{U}_A \tag{2-61}$$

由图 2-38 可以看到，各个线电压在相位上分别超前其相电压 30°，各线电压的有效值为

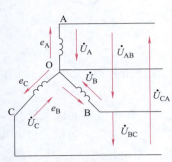

图 2-37 三相电路的线电压

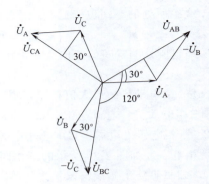

图 2-38 线电压与相电压的关系

$$U_{AB} = 2U_A \cos 30° = \sqrt{3} U_A$$
$$U_{BC} = 2U_B \cos 30° = \sqrt{3} U_B \quad (2\text{-}62)$$
$$U_{CA} = 2U_C \cos 30° = \sqrt{3} U_C$$

即线电压等于相电压的 $\sqrt{3}$ 倍。但必须注意，这个关系只适用于电源对称的星形连接的情况。

四、整流电路

1. 半导体

大自然的物质类别是极其丰富的。单从导电能力上分，有导体、绝缘体和半导体。

常见的导体有金、银、铜、铁、铝等金属类；常见的绝缘体有胶木、橡胶、陶瓷等。

半导体是导电能力介于导体和绝缘体之间的特殊物质，常用材料有锗（Ge）、硅（Si）、砷化镓（GaAs）等。

(1) 半导体的性质

① 杂敏性　半导体对掺入杂质很敏感。在半导体硅中只要掺入亿分之一的硼（B），电阻率就会下降到原来的数万分之一。因此用控制掺杂浓度的方法，可人为地控制半导体的导电能力，制造出各种不同性能、不同用途的半导体器件。

② 热敏性　半导体对温度变化很敏感。温度每升高10℃，半导体的电阻率减小为原来的二分之一。这种特性对半导体器件的工作性能有许多不利的影响，但利用这一特性可制成自动控制系统中常用的热敏电阻，它可以感知万分之一摄氏度的温度变化。

③ 光敏性　半导体对光照很敏感。半导体受光照射时，它的电阻率显著减小。例如，半导体材料硫化镉（CdS），在一般灯光照射下，它的电阻率是移去灯光后的数十分之一或数百分之一。自动控制中用的光电二极管、光电三极管和光敏电阻等，就是利用这一特性制成的。

(2) 本征半导体　完全纯净的半导体叫本征半导体，又称为纯净半导体。

半导体中的原子按照一定的规律，整齐地排列着，呈晶体结构，如图2-39所示，所以半导体管又称为晶体管。

常用的半导体材料是硅和锗。它们的简化原子模型如图2-40所示。

在室温下，价电子获得足够的能量可挣脱共价键的束缚，成为自由电子，这种现象称为本征激发。这时，共价键中就留下一个空位，这个空位称为空穴。空穴的出现是半导体区别于导体的一个重要特点。

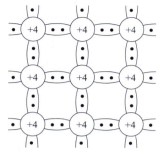

图 2-39 硅或锗晶体的共价键结构示意图

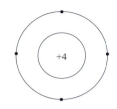

图 2-40 硅和锗的原子结构简化模型

在半导体中,有两种载流子,即空穴和自由电子。在本征半导体中,它们总是成对出现。利用杂敏的特性,可以在本征半导体中掺入微量的杂质,就会使半导体的导电性能发生显著的改变。

(3) 掺杂半导体 根据掺入杂质性质的不同,掺杂半导体可分为空穴(P)型半导体和电子(N)型半导体两大类。

N 型半导体是在纯净的半导体中掺入五价元素(如磷、砷和锑等)形成的,如图 2-41 所示,使其内部多出了自由电子,自由电子就成为多数载流子,空穴为少数载流子。

P 型半导体是在硅(或锗)的晶体内掺入少量的三价元素形成的,如图 2-42 所示,如硼(或铟)等,因硼原子只有三个价电子,它与周围硅原子组成共价键时,缺少一个电子,在晶体中便多产生了一个空穴。控制掺入杂质的多少,便可控制空穴数量。这样,空穴数就远大于自由电子数,在这种半导体中,以空穴导电为主,因而空穴为多数载流子,简称多子;自由电子为少数载流子,简称少子。

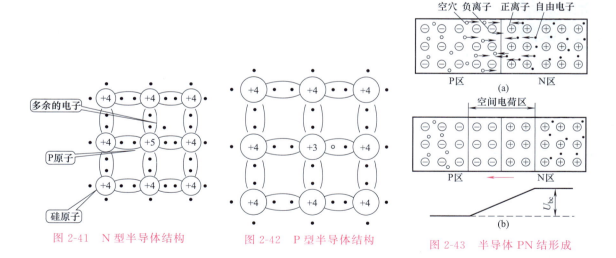

图 2-41 N 型半导体结构　　图 2-42 P 型半导体结构　　图 2-43 半导体 PN 结形成

2. PN 结及其特性

(1) PN 结的形成 如果在一块纯净半导体(如硅和锗等)中,通过特殊的工艺,在它的一边掺入微量的三价元素硼形成 P 型半导体,在它的另一边掺入微量的五价元素磷,形成 N 型半导体,这样在 P 型半导体和 N 型半导体的交界面上就形成了一个具有特殊电性能的薄层——PN 结。PN 结具有单向导电的性能。这是因为在交界面两侧存在着电子和空穴浓度差，N 区的电子要向 P 区扩散（同样 P 区的空穴也向 N 区扩散，称为扩散运动），并与 P 区的空穴复合，如图 2-43（a）所示。在交界面两侧产生了数量相同的正负离子，形成了方向由 N 到 P 的内电场，如图 2-43（b）所示。这个内电场对扩散运动起阻止作用，同时内电场又对两侧的少子起推进作用，使其越过 PN 结，称为漂移运动。显然扩散与漂移形成的电流方向是相反的，最终扩散运动与漂移运动达到动态平衡。这样就形成了有一定厚度的 PN 结。

（2）PN 结的特性　如图 2-44（a）所示，给 PN 结外加上正向电压时，由于内电场被削弱，则形成较大的扩散电流，呈现较小的正向电阻，相当于导通；如图 2-44（b）所示，若加上反向电压，则内电场加强，只形成极其微弱的漂移电流（因为少子的数量是极少的），相当于截止。这就是 PN 结的单向导电性能。

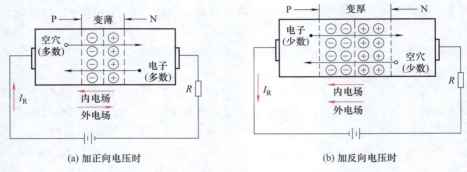

图 2-44　PN 结的单向导电性

3. 二极管

二极管工作原理

在 PN 结两侧各引出一个电极并加上管壳就形成了半导体二极管，其外形和符号如图 2-45（a）和（b）所示。

二极管的正极或称为阳极，用字母 a 表示，另一边是负极或称为阴极，用字母 k 表示。正极与 P 区相连，负极与 N 区相连。二极管的极性通常标示在它的封装上，有些二极管用黑色或白色色环表示其正负极端。

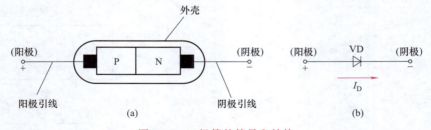

图 2-45　二极管的符号和结构

（1）二极管的类型　根据所用的半导体材料不同，可分为锗二极管和硅二极管；按照管芯结构不同，可分为点接触型、面接触型和平面型，如图 2-46 所示。

点接触型二极管的 PN 结接触面积很小，只允许通过较小的电流（几十毫安以下），但在高频下工作性能很好，适用于收音机中对高频信号的检波和微弱交流电的整流，如国产的锗二极管 2AP 系列、2AK 系列等。

面接触型二极管 PN 结接触面积较大，并做成平面状，它可以通过较大电流，适用于对

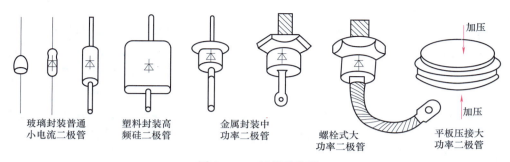

图 2-46 二极管的外形

电网的交流电进行整流，如国产的 2CP 系列、2CZ 系列的二极管都是面接触型的。

平面型二极管的特点是在 PN 结表面覆盖了一层二氧化硅薄膜，避免 PN 结表面被水分子、气体分子以及其他离子等沾污。这种二极管的特性比较稳定可靠，多用于开关、脉冲及超高频电路中。国产 2CK 系列二极管就属于这种类型。

根据二极管用途不同，可分为整流二极管、稳压二极管、开关二极管、光电二极管及发光二极管等。

(2) 二极管的伏安特性

图 2-47 分别是硅二极管和锗二极管的两端电压与其内部的电流的关系曲线，称为伏安特性曲线。图中纵轴的右侧称为正向特性，左侧称为反向特性。

① 正向特性　正向连接时，二极管的正极接电路的高电位端，负极接低电位端。当二极管两端的正向电压很小的时候，正向电流微弱，二极管呈现很大的电阻，这个区域称为二极管正向特性的"死区"；只有当外加正向电压达到一定数值（这个数值称为导通电压，硅管 0.6～0.7V，锗管 0.2～

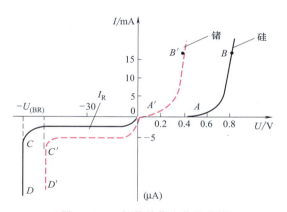

图 2-47 二极管的伏安特性曲线

0.3V）以后，二极管才真正导通。此时，二极管两端的正向管压降几乎不变（硅管为 0.7V 左右，锗管为 0.3V 左右），可以近似地认为它是恒定的，不随电流的变化而变化。但是从伏安特性曲线可以看出，此时正向电流是随着正向电压的增加而急速增大的，如不采取限流措施，过大的电流会使 PN 结发热，超过最高允许温度（锗管为 90～100℃，硅管为 125～200℃）时，二极管就会被烧坏。

② 反向特性　二极管反向连接时处于截止状态，仍然会有微弱的反向电流（锗二极管不超过几微安，硅二极管不超过几十纳安），它和温度有极为密切的关系，温度每升高 10℃，反向电流约增大一倍。反向电流是衡量二极管质量好坏的重要参数之一，反向电流太大，二极管的单向导电性能和温度稳定性就差，选择和使用二极管时必须特别注意。

③ 击穿特性　当加在二极管两端的反向电压增加到某一数值时，反向电流会急剧增大，这种状态称为击穿。对普通二极管而言称为雪崩击穿，意味着二极管丧失了单向导电特性而损坏了。

(3) 主要参数　器件的参数是用以说明器件特性的数据，它是根据使用要求提出的。二极管的主要参数及其意义如下。

① 最大整流电流 I_F　指长期运行时晶体二极管允许通过的最大正向平均电流。

② 最大反向工作电压 U_{RM}　指正常工作时，二极管所能承受的反向电压的最大值。

③ 反向击穿电压 U_{BR}　指反向电流明显增大，超过某规定值时的反向电压。

④ 最高工作频率 f_M　是由 PN 结的结电容大小决定的参数。当工作频率 f 超过 f_M 时，结电容的容抗减小到可以和反向交流电阻相比拟时，二极管将逐渐失去它的单向导电性。

(4) 二极管的识别　二极管正负极、规格、功能和制造材料一般可以通过管壳上的标志和查阅手册（本章内容后附有实用资料）来判断，如 IN4001 通过壳上的标志可判断正负极，查阅手册可知它是整流管，参数是 1A/50V；2CW15 查阅手册可知它是 N 型硅材料稳压管。如果管壳上无符号或标志不清，就需要用万用表来检测。

(5) 二极管的检测　二极管的检测主要是判断其正负极和质量好坏。

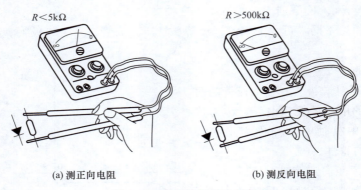

图 2-48　二极管极性的判断

首先将万用表量程调至 $R \times 100\Omega$ 或 $R \times 1k\Omega$ 挡（一般不用 $R \times 1\Omega$ 挡，因其电流较大，而 $R \times 10k\Omega$ 挡电压过高管子易击穿），然后，将两表笔分别接触二极管两个电极，测得一个电阻值，交换一次电极再测一次，从而得到两个电阻值。一般来说正向电阻小于 $5k\Omega$，反向电阻大于 $500k\Omega$，如图 2-48 所示。性能好的二极管，一般反向电阻比正向电阻大几百倍。如两次测得的正、反向电阻很小或等于零，则说明管子内部已击穿或短路；如果正、反向电阻均很大或接近无穷大，说明管子内部已开路；如果电阻值相差不大，说明管子性能变差，在上述三种情况的二极管均不能使用。

4. 整流电路

利用二极管的单向导电性，可以把双向变化的交流电转换为单向的直流电，这个过程称为整流。根据所用交流电的相数，整流电路分为单相整流、三相整流与多相整流。

(1) 单相半波整流

① 电路组成　单相半波整流电路如图 2-49 所示，图中 T 为整流变压器，VD 是整流二极管，R_L 是直流负载电阻。

② 工作原理　变压器二次侧电压 u_2 作为整流电路的交流输入电压，加在二极管与负载相串联的电路上。设输入电压为：$u_2 = \sqrt{2} U_2 \sin\omega t$。

在交流 u_2 的正半周，电源 a 端电位高于 b 端，二极管 VD 承受正向电压而导通，电流自电源 a 端经二极管 VD 通过负载 R_L 回到电源 b 端。忽略二极管正向导通时的管压降，则

加在负载 R_L 上的电压为 u_2 的正半周电压。在交流 u_2 的负半周，电源 b 端电位高于 a 端，二极管 VD 承受反向电压而截止，电路电流为零。此时负载 R_L 两端电压，即输出电压 u_O 等于零，所以 u_2 的负半周电压全部加在二极管上。电路电压和电流的波形如图 2-50 所示，这种大小变化、方向不变的电压或电流称为脉动直流电。

由于整流输出电压仅为输入正弦交流电压的半波，故称为半波整流。

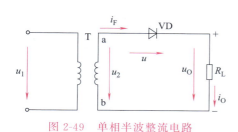

图 2-49　单相半波整流电路

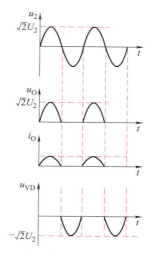

图 2-50　单相半波整流输入输出波形图

③ 电路的电压与电流　整流输出电压，即负载 R_L 两端电压为：

$$u_O = \sqrt{2}U_2 \sin\omega t \ (0 < \omega t < \pi)$$

$$u_O = 0 \ (\pi < \omega t < 2\pi)$$

整流输出电压大小以其平均值表示，利用高等数学中积分的方法可求得半波整流输出的直流电压平均值等于输入的交流电压有效值的 0.45 倍。即

$$U_O = 0.45 U_2$$

通过负载的直流电流的平均值为

$$I_O = \frac{U_O}{R_L} = 0.45 \frac{U_2}{R_L}$$

通过二极管的正向电流平均值等于通过负载的电流，即 $I_F = I_O$。

二极管截止时所承受的最大反向电压等于变压器二次侧电压的幅值，即

$$U_{DRM} = \sqrt{2}U_2 = 3.14 U_O$$

④ 整流二极管的选择　由上式可知，二极管反偏时承受的最高电压是 $\sqrt{2}U_2$，承受的平均电流是 I_O，实际选用时，要将这两个值乘以（1.5～2）倍的安全系数，再查阅电子元器件手册选取合适的二极管。

单相半波整流电路结构简单，所用整流器件少，但半波整流设备利用率低，而且输出电压脉动较大，一般仅适用于整流电流较小（几十毫安以下）或对脉动要求不严格的直流设备。

(2) 单相桥式整流电路

① 电路组成　图 2-51 为单相桥式整流电路。由图可见，四个二极管 VD_1、VD_2、

VD_3、VD_4 构成电桥的桥臂,在四个顶点中,不同极性点接在一起与变压器次级绕组相连,同极性点接在一起与直流负载相连。

② 工作原理　变压器二次侧电压 u_2 作为整流电路的交流输入电压,设输入电压为:

$$u_2 = \sqrt{2}U_2\sin\omega t$$

在交流 u_2 的正半周,电源 a 端电位高于 b 端,二极管 VD_1、VD_3 承受正向电压而导通,二极管 VD_2、VD_4 反向偏置而截止,电流自电源 a 端经二极管 VD_1、负载 R_L 和 VD_3 回到电源 b 端。

在交流 u_2 的负半周,电源 b 端电位高于 a 端,二极管 VD_2、VD_4 导通,VD_1、VD_3 截止,电流自电源 b 端经二极管 VD_2、负载 R_L 和 VD_4 回到电源 a 端。由此可见,在交流 u_2 的一个周期内,二极管 VD_1、VD_3 和 VD_2、VD_4 轮流导通半个周期,通过负载 R_L 的是两个半波的电流,而且电流方向相同,故称为全波整流。电路电压和电流的波形如图 2-52 所示。

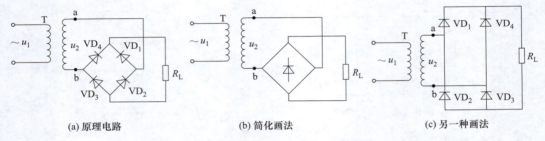

(a) 原理电路　　(b) 简化画法　　(c) 另一种画法

图 2-51　单相桥式整流电路图

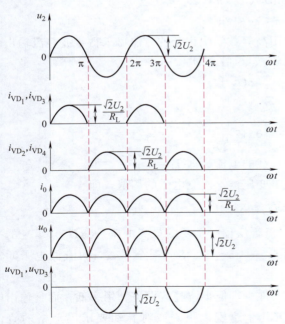

图 2-52　单相桥式整流电路电压电流波形图

③ 电路的电压与电流　显然,全波整流输出的直流电压为半波整流的两倍,由于两组二极管轮流工作,所以通过各个二极管的电流为负载电流的一半,二极管截止时承受的反向电压最大值仍然等于输入交流电压幅值。有关计算公式如下:

负载两端的直流电压平均值

$$U_O = 0.9U_2$$

通过负载的直流电流的平均值为

$$I_O = 0.9\frac{U_2}{R_L}$$

通过每只二极管的正向电流平均值

$$I_F = \frac{1}{2}I_O$$

每个二极管承受的最大反向电压

$$U_{DRM} = \sqrt{2}U_2 = 1.57U_O$$

④ 注意事项　桥式整流电路的四个二极管的正负极不能接反,否则可能发生电源短路,不仅烧毁二极管,甚至烧毁电源变压器。另外二极管作为整流元件,要根据不同的

整流方式和负载大小加以选择。如选择不当，则或者不能安全工作，甚至烧了管子；或者大材小用，造成浪费。桥式整流电路比半波整流电路的效率高，变压器的利用率最高。

工作任务

二极管单相桥式整流测试。

（1）用万用表检测二极管后选用 4 只正常的二极管。

（2）按图 2-53 在通用电路板上正确安装元器件，组成桥式整流。

（3）按图 2-53 实验电路图正确连接组成实验电路，即将电源变压器二次侧加到整流电路输入端，将滑动变阻器串接电流表后并接在整流电路输出端。

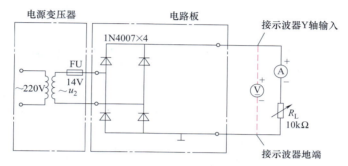

图 2-53　二极管单相桥式整流实验电路

（4）测试电路：二极管整流。

① 将滑动变阻器 R_L 调至中间值，检查无误后通电源。

② 调节 R_L，使输出端电流表读数 $I_L=0.1A$，用万用表交流电压挡测试 u_2 值，记录于表 2-1 中。

③ 用万用表直流电压挡测试输出电压值 u_O，记录于表 2-1 中。

④ 将示波器的旋钮或按键设置合适位置，用探头搭接在整流电路输入端（电源变压器二次侧），观察输入电压 u_2 的波形并记录在表 2-1 中。

⑤ 把探头搭接在整流电路输出端（即 R_L 两端），观察输出电压 u_O 的波形（注意探头的接法），并记录在表 2-1 中。

表 2-1　桥式整流数据表

电路	u_2	u_O	u_O/u_2
桥式整流电路			
桥式整流电路波形记录			

任务三　汽车放大电路的认识与测量

问题导入

在汽车电控系统中，各传感器采集的信号送入计算机进行处理，然后计算机输出相应的控制信号驱动电磁阀、喷油嘴、点火线圈等。传感器采集的信号很小,要靠放大电路放大后再送入计算机进行处理,本次任务主要学习放大电路的相关知识。

知识分析

一、三极管

三极管工作原理

半导体三极管可分为晶体管和场效应管两类,前者通常用 BJT（Bipolar Junction Transistor）表示,即双极型晶体管,简称三极管,后者通常用 FET（Field-effect transistors）表示,即单极型晶体管。三极管可以用来放大微弱的信号和作为无触点开关。本书中均指双极型三极管。

1. 三极管的结构与符号

三极管按其结构分为两类：NPN 型和 PNP 型三极管。如图 2-54 所示为三极管的结构示意图和符号。

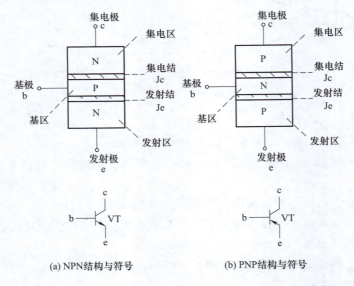

图 2-54　三极管的结构示意图和符号

从图中可见,三极管具有三个电极,即基极 b、集电极 c 和发射极 e；对应有三个区,为基区、集电区和发射区；有两个 PN 结,基区和发射区之间的 PN 结称为发射结 Je,基区和集电区之间的 PN 结称为集电结 Jc。

符号中发射极上的箭头方向,表示发射结正偏时发射极电流的实际方向。PNP 型三极管电流方向与 NPN 型相反,这两个极性相反的晶体管在应用上形成互补。

三极管制作时,通常它们的基区做得很薄（几微米到几十微米）,且掺杂浓度低；发射区的杂质浓度则比较高；集电区的面积则比发射区做得大。这是三极管实现电流放大的内部条件。

三极管可以是由半导体硅材料制成,称为硅三极管；也可以由锗材料制成,称为锗三极管。从应用的角度讲,种类很多。根据工作频率分为高频管、低频管和开关管；根据工作功率分为大功率管、中功率管和小功率管。常见的三极管外形如图 2-55 所示。

项目二　汽车基本电路的认识与测量

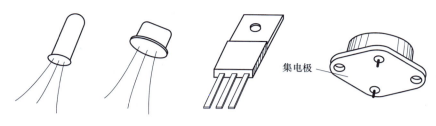

图 2-55　常见的三极管外形

2. 三极管的电流放大作用

三极管的主要特点是具有电流放大功能。所谓电流放大，就是当基极有一个较小的电流变化（电信号）时，集电极就随之出现一个较大的电流变化。在电路中要求三极管的发射结正偏，集电结反偏。对于 NPN 型三极管，必须 $U_C>U_B>U_E$；PNP 型三极管 $U_C<U_B<U_E$。因此，两种类型三极管的直流供电电路如图 2-56 所示。

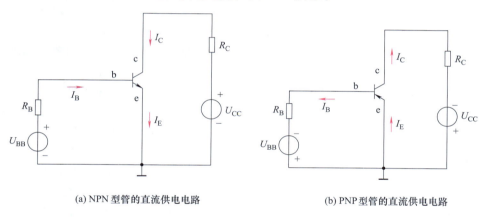

(a) NPN 型管的直流供电电路　　　　　　(b) PNP 型管的直流供电电路

图 2-56　三极管的直流供电电路之一

实际三极管放大电路从经济实用角度，把电路改为单电源供电，如图 2-57 所示。由同一个电源 U_{CC} 既提供 I_C 又提供 I_B，只要改变 R_B 就可以方便地调整放大器的直流量。其中 $R_B>R_C$ 以满足 NPN 型三极管放大条件。

（1）三极管电流分配关系　当三极管按图 2-57 连接时，由实验及测量结果可以得出表 2-2 的结论。

① 实验数据中的每一列数据均满足关系：$I_E=I_C+I_B$。

② 每一列数据都有 $I_C \gg I_B$，而且有 I_C 与 I_B 的比值近似相等，大约等于 50。

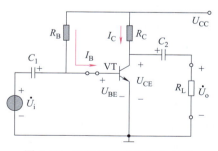

图 2-57　三极管的直流供电电路

表 2-2　三极管各电极电流的实验测量数据

基极电流 I_B/mA	0	0.010	0.020	0.040	0.060	0.080	0.100
集电极电流 I_C/mA	<0.001	0.495	0.995	1.990	2.990	3.995	4.965
发射极电流 I_E/mA	<0.001	0.505	1.015	2.030	3.050	4.075	5.065

定义 $\dfrac{I_C}{I_B}=\overline{\beta}$，$\overline{\beta}$ 称为三极管的直流电流放大系数。

③ 对表 2-2 中任两列数据求 I_C 和 I_B 变化量的比值，结果仍然近似相等，约等于 50。也就是说三极管可以实现电流的放大及控制作用，因此通常称三极管为电流控制器件。

定义 $\dfrac{\Delta I_C}{\Delta I_B}=\beta$，$\beta$ 称为三极管的交流电流放大系数。一般有三极管的电流放大系数：$\beta \approx \overline{\beta}$。

④ 从表 2-2 中可知，当 $I_B=0$（基极开路）时，集电极电流的值很小，称此电流为三极管的穿透电流 I_{CEO}。穿透电流 I_{CEO} 越小越好。

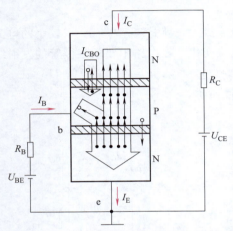

图 2-58　三极管内部载流子的运动规律

（2）三极管电流放大原理　上述实验结论可以用载流子在三极管内部的运动规律来解释。如图 2-58 所示为三极管内部载流子的传输与电流分配示意图。

由于发射结正向偏置，发射区的多数载流子自由电子不断扩散到基区，并不断从电源补充电子，形成发射极电流 I_E。同时基区的多数载流子空穴也要扩散到发射区，但基区空穴的浓度远远低于发射区自由电子的浓度，空穴电流很小，可以忽略不计。一般基区很薄，且杂质浓度低，自由电子在基区与空穴复合的比较少，大部分自由电子到达集电结附近。一小部分自由电子与基区的空穴相遇而复合，基区电源不断补充被复合掉的空穴，形成基极电流 I_B。由于集电结反向偏置，阻止集电区和基区的多数载流子向对方区域扩散，但可将从发射区扩散到基区并到达集电区边缘的自由电子拉入集电区，从而形成集电极电流 I_C。

从发射区扩散到基区的自由电子，只有一小部分在基区与空穴复合掉，绝大部分被集电区收集。另外，由于集电结反偏，有利于少数载流子的漂移运动。集电区的少数载流子空穴漂移到基区，基区的少数载流子自由电子漂移到集电区，形成反向电流 I_{CBO}。I_{CBO} 很小，受温度影响很大，常忽略不计。

若不计反向电流 I_{CBO}，则有：$I_E=I_C+I_B$。即集电极电流与基极电流之和等于发射极电流。

3. 三极管的伏安特性曲线

三极管的伏安特性曲线是指三极管各电极电压与电流之间的关系曲线。工程上最常用的是输入特性和输出特性曲线。

下面以共发射极放大电路为例进行描述。

（1）输入特性曲线族（Input Characteristics）　它是指一定集电极和发射极电压 U_{CE} 下，三极管的基极电流 I_B 与发射结电压 U_{BE} 之间的关系曲线。实验测得三极管的输入特性如图 2-59（a）所示。从图中可见：

① 这是 $U_{CE} \geqslant 1V$ 时的输入特性，这时三极管处于放大状态。当 $U_{CE}>1V$ 后，三极管的输入特性基本上是重合的。

② 三极管输入特性的形状与二极管的伏安特性相似，也具有一段死区。只有发射结电压 U_{BE} 大于死区电压时，三极管才会出现基极电流 I_B，这时三极管才完全进入放大状态。

此时U_{BE}略有变化，I_B变化很大，特性曲线很陡。

（2）输出特性曲线族（Output Characteristics） 输出特性是在基极电流I_B一定的情况下，三极管的输出回路中（此处指集电极回路），集电极与发射极之间的电压U_{CE}与集电极电流I_C之间的关系曲线。

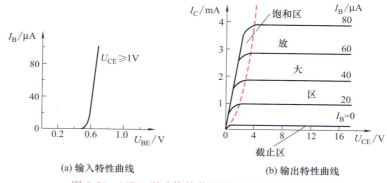

(a) 输入特性曲线　　(b) 输出特性曲线

图 2-59　NPN 型硅管的共发射极接法特性曲线

如图 2-59（b）是 NPN 型硅管的输出特性曲线。由图可见，各条特性曲线的形状基本相同，现取一条（例如 40μA）加以说明。

当I_B一定（如$I_B=40\mu A$）时，在其所对应曲线的起始部分，随U_{CE}的增大I_C上升；当U_{CE}达到一定的值后，I_C几乎不再随U_{CE}的增大而增大，I_C基本恒定（约 1.8mA）。这时，曲线几乎与横坐标平行，这表示三极管具有恒流的特性。

一般把三极管的输出特性分为以下三个工作区域。

① 截止区　此时发射结和集电结均反向偏置。这时，$I_C=I_{CEO}$（穿透电流）。若忽略不计穿透电流I_{CEO}，I_B、I_C近似为 0；三极管的集电极和发射极之间电阻很大，三极管相当于一个开关断开。

② 放大区　此时三极管的发射结正向偏置，集电结反向偏置。基极电流I_B微小的变化会引起集电极电流I_C较大的变化，有电流关系式：$I_C=\beta I_B$；表现为恒流特性。对 NPN 型硅三极管有发射结电压$U_{BE}\approx 0.7V$，锗三极管有$U_{BE}\approx 0.2V$。

③ 饱和区　此时三极管的发射结和集电结均正向偏置；三极管的电流放大能力下降，通常有$I_C<\beta I_B$。U_{CE}的值很小，称此时的电压U_{CE}为三极管的饱和压降，用U_{CES}表示。一般硅三极管的U_{CES}约为 0.3V，锗三极管的U_{CES}约为 0.1V。三极管的集电极和发射极近似短接，三极管相当于一个开关导通。

三极管作为开关使用时，通常工作在截止和饱和导通状态；作为放大元件使用时，一般要工作在放大状态。

NPN 型三极管三种工作状态的特点如表 2-3 所示。

4．三极管的主要参数

三极管的参数是选择三极管、设计和调试电子电路的主要依据。主要参数有下面几个。

（1）电流放大系数β（或h_{fe}）　电流放大系数可分为直流电流放大系数$\overline{\beta}$和交流电流放大系数β，由于两者十分接近，在实际工作中往往不作区分，手册中也只给出直流电流放大系数值。它们的定义是：

$$\overline{\beta}=I_C/I_B \quad \beta=\Delta I_C/\Delta I_B$$

对于小功率三极管，β值一般在 20~200 之间。严格地说，β值并不是一个不变的常数，测试时所取的工作电流 I_C 不同,测出的 β 值也会略有差异。β 值还与工作温度有密切关系,温度每升高 1℃,β 值约增加 0.5%~1%。

表 2-3 NPN 型三极管三种工作状态的特点

工作状态		放 大	饱 和	截 止
条件		发射结正偏,集电结反偏 ($0<I_B<I_{BS}$)	发射结正偏,集电结正偏 ($I_B\approx 0$)	发射结反偏,集电结反偏 ($I_B>I_{BS}$)
工作特点	集电极电流	$I_C=\beta I_B$	$I_C=I_{CS}\approx U_{CC}/R_c$	$I_C\approx 0$
	管压降	$U_{CE}=U_{CC}-I_C R_C$	$U_{CE}=U_{CES}\approx 0.3V$	$U_{CE}\approx U_{CC}$
	近似的等效电路			
	c、e 间等效内阻	可变	很小,约为数百欧,相当于开关闭合	很大,约为数百千欧,相当于开关断开

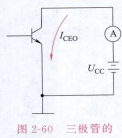

图 2-60 三极管的穿透电流

(2) 穿透电流 I_{CEO} 当三极管接成图 2-60 所示电路时,即断开基极电路,$I_b=0$,但 I_C 往往不等于零,这种不受基极电流控制的寄生电流称为穿透电流 I_{CEO}(即集电极-发射极反向饱和电流)。

小功率的锗三极管,一般小于 500μA(0.5mA),小功率的硅三极管则只有几微安。

I_{CEO} 虽然不算很大,但它与温度却有密切的关系,大约温度每升高 10℃,I_{CEO} 会增大一倍。I_{CEO} 还与 β 值有关,β 值越大的三极管,穿透电流也越大。为此,选用高 β 值的三极管,温度稳定性将会很差。所以在选择三极管时,I_{CEO} 越小越好。

(3) 集电极最大允许电流 I_{CM} I_{CM} 是指三极管集电极允许的最大电流。当电流超过 I_{CM} 时,管子性能将显著下降,甚至有烧坏管子的可能。

5. 晶体三极管的检测方法

因为晶体三极管内部有两个 PN 结,所以可以用万用表欧姆挡测量 PN 结的正、反向电阻来确定晶体三极管的管脚、管型并可判断三极管性能的好坏。

(1) 三极管管脚极性和管型判别 将万用表量程调到 $R\times 100\Omega$ 或 $R\times 1k\Omega$ 挡,假定一个电极是 b 极,并用黑表笔与假定的 b 极相接,用红表笔分别与另外两个电极相接,如图 2-61 所示,如果两次测得电阻均很小,即为 PN 结正向电阻,则黑表笔所接的就是 b 极,且管子为 NPN;如果两次测得的电阻一大一小,则表明假设的电极不是真正的 b 极,则需要将黑表笔所接的管脚调换一下,再按上述方法测试。若为 PNP 管则应用红表笔与假定的 b 极相接,用黑表笔接另外两个电极。两次测得电阻均很小时,红表笔所接的为 b 极,且可确定为 PNP 管。

当 b 极确定后,可接着判别发射极 e 和集电极 c。若是 NPN 管,可将黑表笔和红表笔分别接触两个待定的电极,然后用手指捏紧黑表笔和 b 极(不能将两极短路,即相当于接入一个 100kΩ 的电阻),观察表的指针摆动幅度,见图 2-61(b)。然后将黑、红表笔对调,按上述方法重测一次。比较两次表针摆动幅度，摆动幅度较大的一次黑表笔所接的管脚为 c 极，红表笔所接的为 e 极。若为 PNP 管，上述方法中将黑、红表笔调换即可。

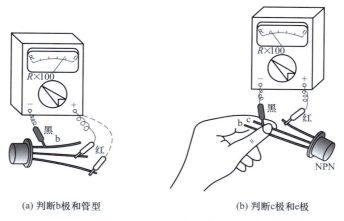

图 2-61　三极管极性和管型的判断

（2）三极管质量好坏判断（以 NPN 型管为例）　用万用表的 $R×1\text{k}\Omega$ 挡，将黑表笔接在三极管的基极，红表笔分别接在三极管的发射极和集电极，测得两次的电阻值应在 $10\text{k}\Omega$ 左右，然后将红表笔接在基极，黑表笔分别接三极管的 e 极和 c 极，测得的电阻应该为无穷大，再将红表笔接三极管的 e 极，黑表笔接在 c 极，然后调换表笔，其测量电阻值应该为无穷大。然后用万用表测量三极管 e 极和 c 极之间的电阻，其阻值也是无穷大。若测量结果符合上述结论，则三极管基本完好。

二、放大电路原理

放大电路也称为放大器，其作用是将微弱的电信号放大成幅度足够大且与原来信号变化规律一致的信号。例如扩音系统，当人对着话筒讲话时，话筒会把声音的声波变化，转换成以同样规律变化的电信号（弱小的），经扩音机电路放大后输出给扬声器（主要是放大振幅），则扬声器放出更大的声音，这就是放大器的放大作用。这种放大还要求放大后的声音必须真实地反映讲话人的声音和语调，是一种不失真地放大。若把扩音机的电源切断，扬声器不发声，可见扬声器得到的能量是从电源能量转换而来的，故放大器还必须加直流电源。放大电路虽然应用的场合及其作用不同，但信号的放大过程是相同的，可以用图 2-62 来表示它们的共性。

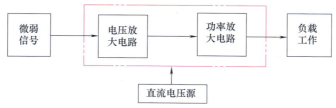

图 2-62　放大电路信号放大过程示意图

由此可见，信号放大是指对微弱信号只放大幅度，周期和频率不变，即不失真放大。

放大电路的基本形式有三种：共发射极放大电路、共集电极电路、共基极电路。下面主要介绍共发射极放大电路组成及工作原理。

1. 电路的组成原则

用晶体管组成放大电路的基本原则如下。

① 必须满足三极管放大条件,即发射结正向偏置,集电结反向偏置。

② 输入信号在传递的过程中,要求损耗小,在理想情况下,损耗为零。

③ 放大电路的工作点稳定,失真(即放大后的输出信号波形与输入信号波形不一致的程度)不超过允许范围。

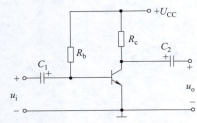

图 2-63 共发射极放大电路

图 2-63 为根据上述要求由 NPN 型晶体管组成的电压放大电路。因输入信号 u_i 是通过 C_1 与三极管的 B-E 端构成输入回路,输出信号 u_o 是通过 C_2 经三极管的 C-E 端构成输出回路,而输入回路与输出回路是以发射极为公共端的,故称为共发射极放大电路。

2. 元件的作用

① 三极管:起电流放大作用,是放大电路的核心元件。

② 直流电源 U_{CC}:通过 R_b 给发射结提供正向偏置电压,通过 R_c 给集电结提供反向偏置电压,以满足三极管放大条件。

③ 基极偏置电阻 R_b:R_b 提供了基极偏置电路。改变 R_b 将使基极电流变化,这对放大器影响很大,因此它是调整放大器工作状态的主要元件。

④ 集电极负载电阻 R_c:一方面通过 R_c 给集电结加反向偏压;另一方面将电流放大作用转换成电压放大。因为三极管的集电极是输出端,图 2-63 中 $U_{CE}=U_{CC}-I_c R_c$,若 $R_c=0$,则 $U_{CE}=U_{CC}$,即输出电压恒定不变,失去电压放大作用。

⑤ 耦合电容 C_1、C_2:电容的容抗 $X_c=\dfrac{1}{2\pi f C}$,与频率 f 有关,对于直流,$f=0$,则 $X_c=\infty$,对于交流,频率 f 较高,且 C 较大时,$X_c \to 0$,故耦合电容具有隔直流通交流作用,它阻隔了直流电流向信号源和负载的流动,使信号源和负载不受直流电流的影响。一般耦合电容选得较大,约几十微法。故用电解电容,使用中电解电容的正极必须接高电位端,负极接低电位端,正、负极性不可接反。

⑥ 接地"⊥":表示电路的参考零电位,它是输入信号电压、输出信号电压及直流电源的公共零电位点,而不是真正与大地相接,这与电工技术接地含义不同,电子设备通常选机壳为参考零电位点。

3. 电压、电流等符号的规定

放大电路中(如图 2-63 所示)既有直流电源 U_{CC},又有交流电源 u_i,电路中三极管各电极的电压和电流包含直流量和交流量两部分。为了分析的方便,各量的符号规定如下。

① 直流分量:用大写字母和大写下标表示。如 I_B 表示三极管基极的直流电流。

② 交流分量:用小写字母和小写下标表示。如 i_b 表示三极管基极的交流电流。

③ 瞬时值:用小写字母和大写下标表示,它为直流分量和交流分量之和。如 i_B 表示三极管基极的瞬时电流值,$i_B=I_B+i_b$。

④ 交流有效值:用大写字母和小写下标表示。如 I_b 表示三极管基极正弦交流电流有效值。

4. 静态工作点的分析计算

放大电路只有直流信号作用，未加输入信号（$u_i=0$）时的电路状态叫静态。静态下三极管各极的电流值和各极之间的电压值，称为静态工作点，表示为 I_{BQ}、I_{CQ}、U_{CEQ}，因它们在输入特性和输出特性曲线上对应于一点 Q，故得此名，如图 2-64 所示。

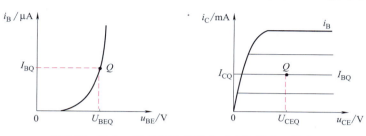

图 2-64　输入、输出特性曲线上对应的静态工作点

设置静态工作点的目的是为了保证三极管处于线性放大区，为放大微小的交流信号做准备。否则，若三极管处在截止区，微小的交流信号或交流信号负半周输入时三极管不能导通，电路的输出电压为零，无法完成不失真放大。

（1）放大电路的直流通路　计算静态工作点应先画出放大电路的直流通路。只考虑直流信号作用，而不考虑交流信号作用的电路称直流通路。画直流通路有以下两个要点。

① 电容视为开路。电容具有隔离直流的作用，直流电流无法通过它们。因此对直流信号而言，电容相当于开路。

② 电感视为短路。电感对直流电流的阻抗为零，可视为短路。

如图 2-65 中，图 2-65（a）是基本放大电路，图 2-65（b）是其直流通路。

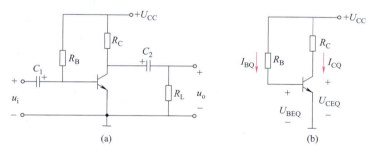

图 2-65　基本放大电路及其直流通路

（2）计算静态工作点

例 2-3　在图 2-65（b）中的直流通路中，设 $R_B=300\text{k}\Omega$，$R_C=4\text{k}\Omega$，$U_{CC}=12\text{V}$，$\beta=40$。三极管为硅管，试求静态工作点。

根据基尔霍夫电压定律列出输入回路和输出回路方程为

$$U_{CC}=I_{BQ}R_B+U_{BEQ} \quad U_{CC}=I_{CQ}R_C+U_{CEQ}$$

则

$$I_{BQ}=\frac{U_{CC}-U_{BE}}{R_B}\approx\frac{U_{CC}}{R_B}=\frac{12}{300\times10^3}=40\ (\mu\text{A})$$

$$I_{CQ}=\beta I_{BQ}=40\times40\times10^{-6}=1.6\ (\text{mA})$$

$$U_{CEQ}=U_{CC}-I_{CQ}R_C=U_{CC}-\beta I_{BQ}R_C$$
$$=12-40\times0.04\times4=5.6\ (\text{V})$$

因为 $U_{CC} \gg U_{BE}$，所以可用估算法近似地计算出静态值，即忽略 U_{BE}。实际中一般将基极偏置电阻串接一个可调电阻，目的是调试静态值方便。

5．基本电压放大原理

如图 2-66 所示，当输入正弦交流信号 u_i 时，放大电路在静态时各点的电压及电流的数

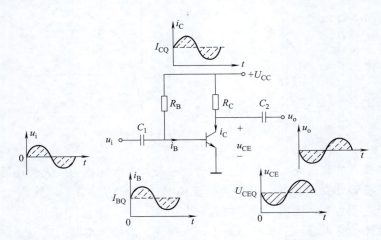

图 2-66　放大电路实现信号放大的工作过程

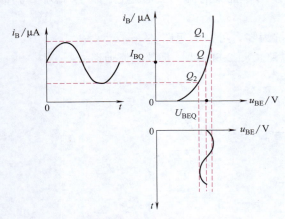

图 2-67　输入特性线性情况

值都不变化，图中阴影部分是输入电压 u_i 的变化引起的三极管各电极电流和电压的变化量，即交流分量。相当于在原直流量上叠加的增量。

设 $u_i = U_{im}\sin\omega t$（V），信号经耦合电容无损耗，即容抗 $X_C = \dfrac{1}{2\pi fC} \approx 0$，则电路各处电压、电流的瞬时值均为直流量与交流量瞬时值之和。因为 u_i 电压变化范围小，由图 2-67 看出，u_{BE} 变动范围 $Q_1 \sim Q_2$ 相当一段直线，所以电流与电压呈线性关系，电压 u_i 为正弦波，由电压产生的电流 i_b 也是正弦波，各极的电压与电流关系为

$$u_{BE} = U_{BEQ} + u_{be} = U_{BEQ} + u_i \quad i_B = I_B + i_b$$

$$i_C = I_C + i_c = \beta I_B + \beta i_b$$

$$u_{CE} = U_{CE} + u_{ce} = U_{CC} - i_C R_C = U_{CC} - (I_C + i_c)R_C = U_{CC} - I_C R_C - i_c R_C = U_{CE} + (-i_c R_C)$$

i_B、i_C、u_{CE} 的波形如图 2-67 所示。

由于 u_{CE} 的直流分量 U_{CE} 被耦合电容 C_2 隔断，其交流量 u_{ce} 经 C_2 允许通过，且无损耗，所以

$$u_o = u_{ce} = -i_c R_C$$

式中负号表明 u_o 与 u_i 的相位相反。

整个放大过程为：弱小的输入信号 u_i 引起三极管基极电流产生增量 i_b，则三极管集电

极产生更大的电流增量 $i_c=\beta i_b$，而 i_c 经过 R_C 产生较大的电压增量，即为输出电压 u_o，显然 u_o 是 u_i 被放大的结果。这就是电压放大原理。

综上分析得出单管共射极放大电路的特点为：

① 既有电流放大，也有电压放大；

② 输出电压 u_o 与输入电压 u_i 相位相反；

③ 除了 u_i 和 u_o 是纯交流量外，其余各量均为脉动直流电，故只有大小的变化，无方向或极性的变化。

总之，交流信号的放大是利用三极管的电流放大作用将直流电源的能量转换来的。三极管的放大作用实质上是一种能量控制作用。从这个意义上说，放大电路是一种以较小能量控制较大能量的能量控制与转换装置。

6. 放大电路主要动态性能指标的计算

放大电路的性能指标有放大倍数、输入电阻、输出电阻等，它们反映放大电路对交流信号所呈现的特性。

（1）电压放大倍数 A_u 放大倍数是衡量放大电路对信号放大能力的主要技术参数。电压放大倍数是最常用的一项指标。它定义为输出电压 $\dot{U}_o$ 与输入电压 $\dot{U}_i$ 的比值（为书写方便，今后本书中交流信号电压与电流有效值均指有效值向量）。

$$A_u = \frac{U_o}{U_i}$$

由此可见，$|A_u|<|A_{ou}|$，即带载后，电压放大倍数要下降。若带载后，A_u 与 A_{ou} 比较下降越小，说明放大电路带载能力越强，反之，带载能力差。实际的放大电路要解决的问题是提高带载能力。

若考虑信号源内阻时的电压放大倍数 A_{us}：

$$A_{us}=\frac{U_o}{U_s}=\frac{U_o}{U_i}\times\frac{U_i}{U_s}=A_u\frac{U_i}{U_s}$$

当信号源内阻 R_s 可忽略时，$A_{us}=A_u$；考虑内阻 R_s 时，$A_{us}<A_u$，说明信号源内阻使电压放大倍数下降。

工程上为了表示的方便，常用分贝（dB）来表示电压放大倍数，这时称为增益。

$$电压增益 = 20\lg|A_u|\ (dB)$$

（2）输入电阻 R_i 放大电路对于信号源而言，相当于信号源的一个负载电阻。此电阻即为放大电路的输入电阻。换句话说，输入电阻相当于从放大电路的输入端看进去的等效电阻，如图 2-68 所示。关系式：

$$R_i=\frac{u_i}{i_i}$$

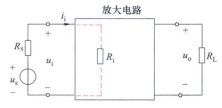

图 2-68 放大电路的输入电阻

u_i 为实际加到放大电路两输入端的输入信号电压，i_i 为输入电压产生的输入电流，二者的比值即为放大电路的输入电阻 R_i。

（3）输出电阻 R_o 当负载电阻 R_L 变化时，输出电压 u_o 也相应变化。即从放大电路的输出端向左看，放大电路内部相当于存在一个内阻为 R_o、电压大小为 u_o' 的电压源，此内阻即为放大电路的输出电阻 R_o。图 2-69 所示为求解放大电路输出电阻的等效电路。

R_o 的计算有以下两种方法。

方法一：$R_o = \left(\dfrac{u'_o}{u_o} - 1\right) R_L$，其中，$u'_o$ 为负载开路时的输出电压。此方法一般用于实验中定量测量 R_o。

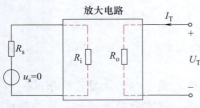

图 2-69　放大电路输出电阻的等效电路

方法二：令负载开路（$R_L \to \infty$），信号源短路（$u_s = 0$），在放大电路的输出端加测试电压 U_T，则产生相应的电流 I_T，二者的比值即为放大电路的输出电阻。即 $R_o = \dfrac{U_T}{I_T} \bigg|_{u_s=0, R_L \to \infty}$。

当放大电路作为一个电压放大器来使用时，其输出电阻 R_o 的大小决定了放大电路的带负载能力。R_o 越小，放大电路的带负载能力越强。即放大电路的输出电压 u_o 受负载的影响越小。根据上述分析可知共射放大电路的输入电阻较小，输出电阻较大。

工作任务

一、静态工作点测试

1. 按照图 2-70 和图 2-71 所示接线

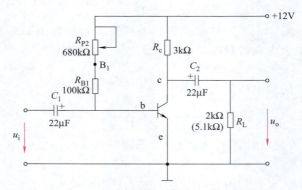

图 2-70　单管共射放大电路实验电路图

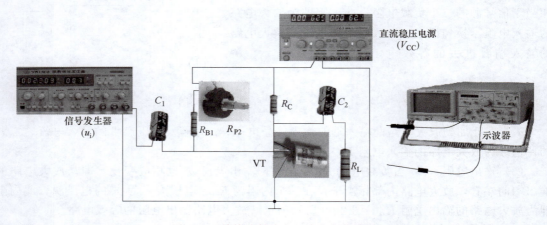

图 2-71　单管共射放大电路实物接线图

① 将输入端对地短路，调节电位器 R_{P2}，使 $V_c=4V$ 左右，测量 V_C、V_E、V_B、V_{B1} 的数值，计入表 2-4。

② 按下式计算 I_B、I_C，并计入表 2-4。

$$I_B = \frac{V_{B1}-V_B}{R_{B1}} \qquad I_C = \frac{V_{CC}-V_C}{R_C}$$

表 2-4　静态工作点测试值与计算值记录表

调整 R_{P2}	测量值				计算值	
V_C/V	V_E/V	V_B/V	V_{B1}/V	I_C/mA	I_B/μA

2．测量电压放大倍数

负载电阻分别取 $R_L=3kΩ$ 和 $R_L=∞$（空载），输入 $f=1kHz$ 的正弦信号，幅度以保证输出波形不失真为准，测量 U_i 和 U_o，计算电压放大倍数 $A_U=U_o/U_i$，填入表 2-5。

表 2-5　电压放大倍数测量数据记录表

$R_L/Ω$	U_i/mV	U_o/V	A_u
3kΩ			
∞			

3．观察输入输出电压波形及相位关系

用示波器观察输入电压与输出电压波形，画于表 2-6 中。

表 2-6　输入输出波形记录表

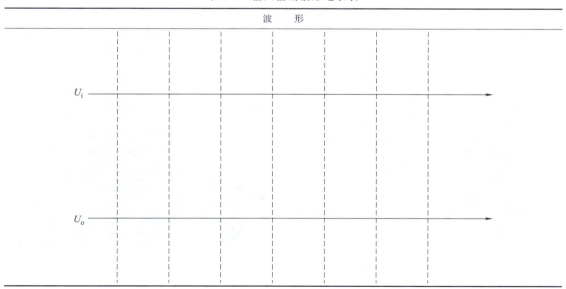

二、闪光电路的安装与调试

1．闪光电路原理图

闪光电路原理图如图 2-72 所示。

2．闪光电路工作原理

电源接通时，由于元器件的差异，总有一只三极管先导通，下面以 Q_1 先导通为例来分析其工作原理。

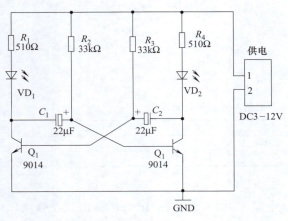

图 2-72 闪光电路原理图

Q_1 导通后，Q_1 集电极电压下降，VD_1 通电发光，C_1 正极电位接近零，因为电容两端的电压不能突变，Q_2 基极也接近零电位，Q_2 截止，VD_2 无电不发光；随着电源通过 R_2 对 C_1 充电，Q_2 基极电位上升（超过 0.6V 时），Q_2 导通，Q_2 集电极电压下降，VD_2 通电发光，此时 Q_2 集电极电位的下降通过 C_1 使 Q_1 基极电位下降，Q_1 截止，VD_1 熄灭。如此循环，Q_1 和 Q_2 轮流导通和截止，VD_1 和 VD_2 就不停地循环发光。改变 C_1 和 C_2 的容量就可以改变 LED 循环的速度。

3．闪光电路安装与调试

（1）元器件清点　元件清单如表 2-7 所示。

表 2-7　闪光电路元器件清单

元器件名称	数量	元器件名称	数量
PCB	1	510Ω 电阻	2
9014 三极管	2	22μF 电解电容	2
LED 蓝色 5mm	2	公-母杜邦线	2
30kΩ 电阻	2		

（2）元器件检测　根据前面学过的元器件的检测方法对下列元器件进行检测。

（3）安装电路板，焊接　在电路板上对应位置安装元器件，并进行焊接。

（4）调试　安装好的电路板如图 2-73 所示，加上电源进行调试。

图 2-73　焊接完成的闪光灯电路板

任务四　汽车直流稳压电源电路的认识与测量

问题导入

汽车上各种负载需要直流电源供电，而发电机产生的电源为交流电，这就需要应用电子电路将其转换为直流电源。这个过程一般由四部分电路完成,如图 2-74 所示。

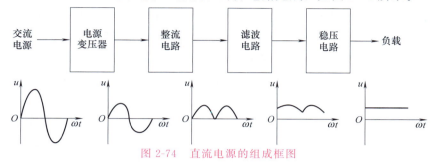

图 2-74　直流电源的组成框图

图 2-74 中电源变压器的任务是将交流电的幅度变换为直流电源所需要的幅度;整流电路的任务是将双向变化的交流电变成单向的脉动直流电;滤波电路的任务是滤除脉动直流电中的交流成分,保留直流成分;稳压电路的任务是使输出电压的幅度保持稳定。整流已在任务三中学习过,本任务通过学习滤波、稳压电路的工作原理,完成直流稳压电源的安装与调试。

知识分析

一、滤波电路

经过整流得到的单向脉动直流电中还包含多种频率的交流成分。为了滤除或抑制交流分量,以获得平滑的直流电压,必须设置滤波电路。滤波电路直接接在整流电路后面,一般由电容、电感以及电阻等元件组成。

1. 电容滤波

(1) 电路组成　电容滤波电路如图 2-75 所示,为桥式整流电容滤波电路,负载两端并联的电容为滤波电容,利用 C 的充放电作用,使负载电压、电流趋于平滑。

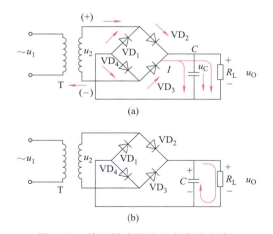

图 2-75　单相桥式整流电容滤波电路

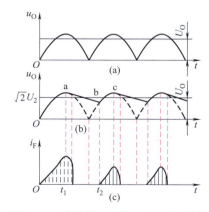

图 2-76　单相桥式整流电容滤波波形

(2) 工作原理　单相桥式整流电路,在不接电容 C 时,其输出电压波形如图 2-76 (a) 所示。接上电容器 C 后,在输入电压 u_2 正半周:二极管 VD_2、VD_4 在正向电压作用下导通,VD_1、VD_3 反偏截止,如图 2-76 (a) 所示。整流电流分为两路,一路向负载 R_L 供电,另一路向 C 充电,因充电回路电阻很小,充电时间常数很小,C 被迅速充电,如图 2-76 (b)

中的 oa 段。到 t_1 时刻,电容器上电压 $u_C \approx \sqrt{2} U_2$,极性上正下负。$t_1 \sim t_2$(a 点对应 t_1 时刻;b 点对应 t_2 时刻)期间,$u_2 < u_C$,二极管 VD$_2$、VD$_4$ 受反向电压作用截止。电容 C 经 R_L 放电,放电回路如图 2-76(b)所示。因放电时间常数 $\tau_{放} = R_L C$ 较大,故 u_C 只能缓慢下降,如图 2-76(b)中 ab 段所示。期间,u_2 负半周到来,也迫使 VD$_1$、VD$_3$ 反偏截止,直到 t_2 时刻 u_2 上升到大于 u_C 时,VD$_1$、VD$_3$ 才导通,C 再度充电至 $u_C \approx \sqrt{2} U_2$,如图 2-76(b)中 bc 段。而后,u_2 又按正弦规律下降,当 $u_2 < u_C$ 时,VD$_1$、VD$_3$ 反偏截止,电容器又经 R_L 放电。电容器 C 如此反复地充放电,负载上便得到近似于锯齿波的输出电压。

接入滤波电容后,二极管的导通时间变短,如图 2-76(c)所示。负载平均电压升高,交流成分减小。电路的放电时间常数 $\tau_{放} = R_L C$ 越大,C 放电过程就越慢,负载上得到的 u_o 就越平滑。

(3)滤波电容的选择 根据前面分析可知,电容 C 越大,电容放电时间常数 $\tau_{放} = R_L C$ 越大,负载波形越平滑。一般情况下,桥式整流可按下式来选择 C 的大小,式中 T 为交流电周期。

$$R_L C \geq (3 \sim 5) \frac{T}{2}$$

滤波电容一般都采用电解电容,使用时极性不能接反。电容器耐压应大于 $\sqrt{2} U_2$,通常取 $(1.5 \sim 2) U_2$。

此时负载两端电压依经验公式得

$$U_O = 1.2 U_2$$

2. 电感滤波电路

电容滤波在大电流工作时滤波效果较差,当一些电气设备需要脉动小、输出电流大的直流电时,往往采用电感滤波电路,如图 2-77(a)所示。

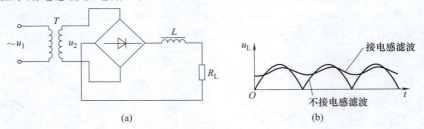

图 2-77 电感滤波电路及波形

电感元件具有通直流阻交流的作用,整流输出的电压中直流分量几乎全部加在负载上,交流分量几乎全部降落在电感元件上,负载上的交流分量很小。这样,经过电感元件滤波,负载两端的输出电压脉动程度大大减小,如图 2-77(b)所示。

不仅如此,当负载变化引起输出电流变化时,电感线圈也能抑制负载电流的变化,这是因为电感线圈的自感电动势总是阻碍电流的变化。所以,电感滤波适用于大功率整流设备和负载电流变化大的场合。

一般来说,电感越大滤波效果越好,滤波电感常取几亨利到几十亨利。有的整流电路的负载是电机线圈、继电器线圈等感性负载,就如同串入了一个电感滤波器一样,负载本身能起到平滑脉动电流的作用,这样可以不用另加滤波器。

3. 复式滤波电路

为了进一步提高滤波效果,减少输出电压的脉动成分,常将电容滤波和电感滤波组合成复式滤波电路。将滤波电容与负载并联，电感与负载串联构成常用的 LC 滤波器、RC 滤波器等，其电路原理与前面所述基本相同，电路图如图 2-78 所示。

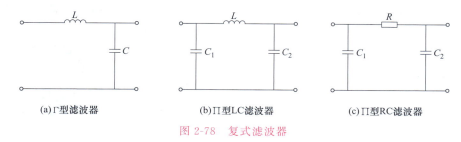

(a) Γ型滤波器　　　(b) Π型LC滤波器　　　(c) Π型RC滤波器

图 2-78　复式滤波器

二、集成运算放大器

集成电路（Integrated Circuits）的英文缩写为 IC。20 世纪 60 年代初问世的集成电子电路是电子技术的重要突破，微型电子计算机就是集成电子电路的奇迹之一。集成电路是由晶体管或场效应管等各种元器件及线路构成的功能电路，全部利用先进的工艺技术制造在一块很小的半导体芯片上而形成的微型电子器件。它的外部有一定的引线端子，使用中俗称集成块或者芯片。集成块有模拟集成电路和数字集成电路两大类。模拟集成电路主要有集成运算放大器、集成功率放大器和集成稳压器等。

1. 集成运算放大器的结构及参数

（1）集成运算放大器的外形与符号　集成运算放大器简称为运放，是发展最早、应用最广泛的一种线性集成电路。它具有高电压增益、高输入电阻和低输出电阻，内部电路是采用直接耦合方式的多级放大电路，能放大直流电压和较大频率范围的交流电压。早期的应用主要是模拟数值运算，故称运算放大器。

集成运放的常见外形有圆形、扁平形和双列直插式三种，如图 2-79 所示。图 2-79 (a) 为圆形，图 2-79 (b) 为扁平形，图 2-79 (c) 为双列直插式。目前常用的双列直插式型号有 μA741（8 端）、LM324（14 端）等，采用陶瓷或塑料封装。

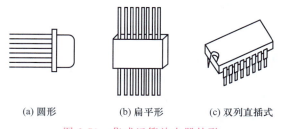

(a) 圆形　　(b) 扁平形　　(c) 双列直插式

图 2-79　集成运算放大器外形

常用集成运算放大器 μA741 与 LM324 的外引线端子排列图如图 2-80 所示。其端子排列为：从正面看，带半圆形或其他形状的标识端向左，则左下角的端子为 1 号端子，然后逆

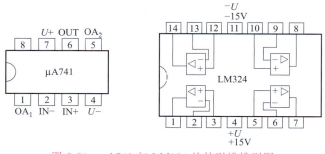

图 2-80　μA741 与 LM324 的外引线排列图

时针依次排号,左上角的端子为最后一个,连接电路时注意不能接错。

集成运放的符号如图 2-81 所示,有用方框式的〔见图 2-81 (a)〕,也有用三角形的〔见图 2-81 (b)〕,本书以方框形为例。图中两个输入端,"—"端叫反相输入端,"+"端叫同相输入端。输出端的电压与反相输入端反相,与同相输入端同相。

集成运算放大器在使用前可用万用表简单地判断其好坏。方法是用万用表电阻挡的 $R \times 1k$ 挡测量各端子间的阻值,对于 $\mu A741$ 与 LM324 来说,各端子间的阻值应在几千欧以上,尤其是两个电源端间,不能是短路的。在使用时还要注意正负电源绝对不能接反,否则将会烧毁集成块。LM324 是一个四运算放大器组合的集成芯片,四个运放各自独立,只有电源共用。

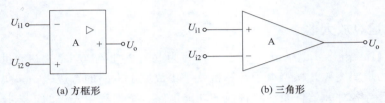

图 2-81 集成运放符号

(2) 集成运算放大器电路结构 集成运放种类较多,内部电路各有特点,但总体结构一样。如图 2-82 是运放内部组成电路框图,框图共分三部分。

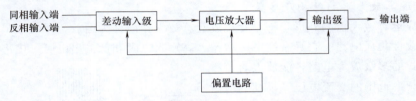

图 2-82 集成运放内部组成电路框图

第一部分为差动输入级。该级主要任务是抑制零点漂移,同时提高输入电阻和提高共模抑制比,对集成运算放大器的质量起关键作用。

第二部分为中间放大级,采用共射极放大电路。主要任务是产生足够大的电压放大倍数,因此它也应具有较高的输入电阻。放大管一般由复合管组成,并采取措施提高集电极负载电阻,如采用恒流源代替 R_C。一般的中间放大级的电压增益可达到 60dB 以上。

第三部分为输出级。其主要任务是输出足够大的电流,提高带负载能力。所以该级应具有很低的输出电阻和很高的输入电阻,一般采用射极输出器的方式。

2. 集成运算放大器构成的基本运算电路

基本运算放大电路主要有:比例运算、加减运算、乘除运算、积分运算、微分运算及对数反对数运算等,这里只介绍反向比例运算电路、同相比例运算电路。

(1) 理想运算放大器的参数 理想运算放大器的条件是:

开环电压放大倍数 $A_{uo} \to \infty$

差模输入电阻 $r_{id} \to \infty$

开环输出电阻 $r_o \to 0$

共模抑制比 $K_{CMR} \to \infty$

实际运算放大电路的技术指标接近理想运算放大器时，常将它看做是理想的。

图 2-83 为理想运算放大器的图形符号，它有两个输入端和一个输出端，反相输入端标有"－"号，同相输入端和输出端标有"＋"号。它们的对地电压分别为"u_-""u_+"和"u_o"。"∞"表示开环放大倍数。

图 2-83　理想运算放大器的图形符号　　图 2-84　运算放大器的传输特性

（2）集成运算放大器的工作区域　表示输入电压和输出电压之间关系的特性曲线称为传输特性，如图 2-84 所示，图中虚线表示实际传输特性。从传输特性看，可分为线性区和饱和区。运算放大器可工作在线性区，也可工作在饱和区，但分析方法不同。

当运放工作在线性区时，u_o 和 (u_+-u_-) 是线性关系，即

$$u_o = A_{uo}(u_+ - u_-)$$

这时运算放大器是一个线性元件。由于它的放大倍数很大，即使输入电压为毫伏级，也足以使电路饱和，其饱和电压值为 $+U_{O(sat)}$ 或 $-U_{O(sat)}$，接近电源电压。

（3）"虚断"和"虚短"　运算放大器工作在线性区时，分析依据有以下两条。

① 由于运算放大器的差模输入电阻 $r_{id} \to \infty$，故可认为两个输入端的输入电流为零。
即

$$i_+ \approx i_- \approx 0$$

这种由于集成电路内部输入电阻近似无穷大而使输入电流接近为零的现象称之为"虚断"。

② 由于运算放大器的开环电压放大倍数 $A_{uo} \to \infty$，而输出电压是一有限数值，故

$$u_+ - u_- = \frac{u_o}{A_{uo}} \approx 0$$

即

$$u_+ \approx u_-$$

由于理想运放开环放大倍数为无穷大，与其放大时的输出电压相比，同、反相的输入电压差值可以忽略不计，同、反相输入电压近似相等，称这种现象为"虚短"。

"虚断"和"虚短"在集成运算放大电路分析中是很有用的两个特点。

运算放大器工作在饱和区时，输出电压不能用 $u_o = A_{uo}(u_+-u_-)$ 计算，输出电压只有两种可能，即 $+U_{O(sat)}$ 或 $-U_{O(sat)}$。当 $u_+ > u_-$ 时，$u_o = +U_{O(sat)}$；当 $u_+ < u_-$ 时，$u_o = -U_{O(sat)}$。

（4）反相比例运算电路　当输入信号从反相输入端输入时，输出信号与输入信号相位相反且幅度上呈比例关系，这样就构成了反相比例运算电路。

如图 2-85 所示，同相输入端通过电阻 R_2 接地，输入信号 u_i 通过 R_1 送到反相输入端，输出端与反相输入端间跨接反馈电阻 R_F。

根据集成运算电路的"虚断"和"虚短"可得

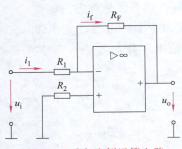

图 2-85 反向比例运算电路

$$i_1 \approx i_f$$
$$u_- \approx u_+ = 0$$

由图 2-85 可得

$$i_1 = \frac{u_i - u_-}{R_1} = \frac{u_i}{R_1} = i_f = \frac{u_- - u_o}{R_F} = -\frac{u_o}{R_F}$$

由此得出：$u_o = -\dfrac{R_F}{R_1} u_i$

该电路的闭环电压放大倍数为：$A_{uf} = \dfrac{u_o}{u_i} = -\dfrac{R_F}{R_1}$

上式表明，电路的电压放大倍数只与外围电阻有关，而与运放电路本身无关，这就保证了电路放大倍数的精确和稳定，当 R_F 无穷大（开环）时，放大倍数也为无穷大。式中的"—"表示输出电压的相位与输入电压的相位相反。

图 2-85 中的 R_2 为直流平衡电阻，$R_2 = R_1 // R_F$，其作用是保证运放两输入端的对称，消除静态电流对输出电压的影响。

（5）同相比例运算电路　同相比例运算放大电路的输入信号从同相输入端引入，如图 2-86 所示。根据理想运算放大器的特性：$u_- \approx u_+ = u_i$，$i_1 \approx i_f$ 得

$$i_1 = -\frac{u_-}{R_1} = -\frac{u_i}{R_1} = i_f = \frac{u_- - u_o}{R_F} = \frac{u_i - u_o}{R_F}$$

因而

$$u_o = \left(1 + \frac{R_F}{R_1}\right) u_i$$

$$A_{uf} = \frac{u_o}{u_i} = 1 + \frac{R_F}{R_1}$$

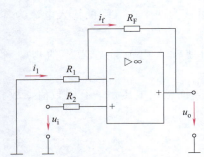

图 2-86 同相比例运算电路

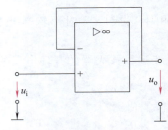

图 2-87 电压跟随器

可见，输出电压与输入电压之间的比例关系与运算放大器本身无关。同相输入比例运算放大电路的电压放大倍数 $A_{uf} \geqslant 1$。

同相比例运算电路中，当 $R_1 = \infty$ 或 $R_F = 0$ 时，电路的电压放大倍数为 1，这时就成了电压跟随器，如图 2-87 所示。其输入电阻为无穷大，对信号源几乎无任何影响。输出电阻为零，为一理想恒压源，所以带负载能力特别强。它比射极输出器的跟随效果好得多，可以作为各种电路的输入级、中间级和缓冲级等。

三、稳压电路

1. 二极管构成的稳压电路

（1）稳压二极管　稳压二极管是用特殊工艺制造的面接触型硅半导体二极管。符号如图

2-88（a）所示，它主要工作在反向击穿区，而它的击穿具有非损坏性，只是破坏了 PN 结的电结构，当外加电压撤除后，PN 结的特性可以恢复。稳压二极管在直流稳压电源中获得广泛应用，它的伏安特性曲线如图 2-88（b）所示。它常应用在小功率直流稳压电源中。

（2）稳压电路　交流电压经过整流滤波后，所得到的直流电压虽然脉动程度已经很小，但当电网波动或负载变化时，其直流电压的大小也随之发生变化。为了使输出的直流电压基本保持恒定，需要在滤波电路和负载之间加上稳压电路。用稳压二极管构成的简单的并联型稳压电路，如图 2-89 所示，图中的虚线框所示，由限流电阻 R 和硅稳压二极管组成稳压电路。

引起输出电压不稳定的原因主要是两个，一是电源电压的波动；二是负载电流的变化。稳压二极管对这两种影响都有抑制作用。

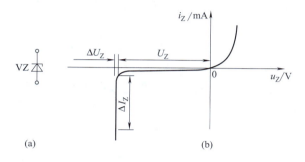

图 2-88　稳压管的电路符号和伏安特性曲线　　图 2-89　硅稳压二极管稳压电路

当交流电源电压变化引起 U_I 升高时，起初 U_o 随着升高。由稳压二极管的特性曲线可知，随着 U_o 的上升（即 U_Z 上升），稳压二极管电流 I_Z 将显著增加，R 上电流 I 增大导致 R 上电压降 U_R 也增大。根据 $U_o = U_I - U_R$ 的关系，只要参数选择适当，U_R 的增大可以基本抵消 U_I 的升高，使输出电压基本保持不变，上述过程可以表示为：

$$U_I \uparrow \to U_o(U_Z) \uparrow \to I_Z \uparrow \to I \uparrow \to U_R \uparrow \\ U_o \downarrow \hookleftarrow$$

反之，当 U_I 下降引起 U_o 降低时，调节过程与上面相反。

当负载变化，电流 I_o 在一定范围内变化而引起输出电压变化时，同样会由于稳压二极管电流 I_Z 的补偿作用，使 U_o 基本保持不变。其过程描述如下：

$$I_o \uparrow \to I \uparrow \to U_R \uparrow \to U_o \downarrow \to I_Z \downarrow \\ U_o \uparrow \leftarrow U_R \downarrow \leftarrow I \downarrow \hookleftarrow$$

综上所述，由于稳压二极管和负载并联，稳压二极管总要限制 U_o 的变化，所以能稳定输出直流电压 U_o。这种稳压电路也称为并联型稳压电路。

2. 集成稳压器

（1）带有放大环节的串联型晶体管稳压电路

① 电路组成　该电路由四个基本部分组成：采样电路、基准电压电路、比较放大电路和电压调整电路。其电路如图 2-90 所示，框图如图 2-91 所示。

采样电路由分压电阻 R_1、R_2 组成。它对输出电压 U_o 进行分压，取出一部分作为取样电压给比较放大电路。

基准电压电路由稳压管 V_Z 和限流电阻 R_3 组成，提供一个稳定性较高的直流电压 U_Z，作为调整、比较的标准，称为基准电压。

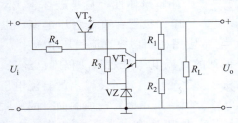

图 2-90 串联型稳压电路

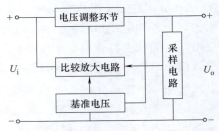

图 2-91 串联型稳压电路框图

比较放大电路由晶体管 VT_1 和 R_4 构成，其作用是将采样电路采集的电压与基准电压进行比较并放大，进而推动电压调整环节工作。

电压调整电路由工作于放大状态的晶体管 VT_2 构成，其基极电流受比较放大电路输出信号的控制，在比较放大电路的推动下改变调整环节的压降，使输出电压稳定。

② 稳压过程 假设 U_o 因输入电压波动或负载变化而增大时，则经采样电路获得的采样电压也增大，而基准电压 U_Z 不变，所以采样放大管 VT_1 的输入电压 U_{BE1} 增大，VT_1 管基极电流 I_{B1} 增大，经放大后，VT_1 的集电极电流 I_{C1} 也增大，导致 VT_1 的集电极电压 U_{C1} 下降，VT_2 管基极电压 U_{B2} 也下降，I_{B2} 减小，I_{C2} 减小，U_{CE2} 增大，使输出电压 U_o 下降，补偿了 U_o 的升高，从而保证输出电压 U_o 基本不变。这一调节过程可表示为

$$U_i \uparrow \rightarrow U_o \uparrow \rightarrow U_{BE1} \uparrow \rightarrow I_{B1} \uparrow \rightarrow I_{C1} \uparrow \rightarrow U_{C1} \downarrow$$
$$U_o \downarrow \leftarrow U_{CE2} \uparrow \leftarrow I_{C2} \downarrow \leftarrow I_{B2} \downarrow \leftarrow U_{B2} \downarrow$$

同理，当 U_o 降低时，通过电路的反馈作用也会使 U_o 保持基本不变。串联型稳压电路的比较放大电路还可以用集成运放来组成。由于集成运放的放大倍数高，输入电流极小，提高了稳压电路的稳定性，因而应用越来越广泛。

（2）集成稳压电源及应用

① 固定式三端稳压器 分为 W78×× 系列和 W79×× 系列两种。

W78×× 系列输出固定的正电压，有 5V、8V、12V、15V、18V、24V 等多种。如 W7815 的输出电压为 15V，最高输入电压为 35V，最小输入、输出电压差为 2V，加散热器时最大输出电流可达 2.2A，输出电阻为 0.03～0.15Ω，电压变化率为 0.1%～0.2%。

W79×× 系列输出固定的负电压，其参数与 W78×× 系列基本相同。

常用的固定式三端稳压器的外形和端子排列如图 2-92 所示。在电路应用中，W78×× 系列的端子 1 为输入端，2 为输出端，3 为公共端，如图 2-93 所示。W79×× 系列的端子 3 为输入端，2 为输出端，1 为公共端，如图 2-94 所示。使用时，固定式三端稳压器接在整流滤波电路之后。

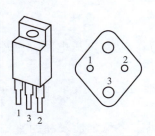

图 2-92 三端稳压器

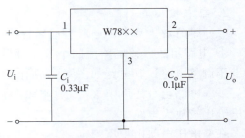

图 2-93 W78×× 系列固定式三端稳压器

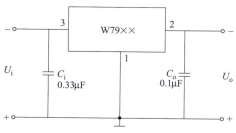

图 2-94 W79××系列固定式三端稳压器

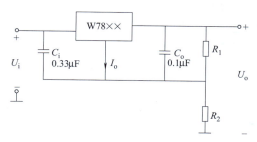

图 2-95 提高输出电压的电路

固定式三端稳压器配上适当的外部电路还可以输出高于标称电压的电压,给实际应用带来很大灵活性,如图 2-95 所示为升压电路,其输出电压值为

$$U_o = \left(1 + \frac{R_2}{R_1}\right)U_{××} + I_Q R_2$$

式中,$U_{××}$ 为三端稳压器 78×× 的标称输出电压,R_1 上电压为 $U_{××}$,产生的电流 $I_{R1} = U_{××}/R_1$,在 R_1、R_2 串联电路上产生的压降为 $\left(1 + \frac{R_2}{R_1}\right)U_{××}$,$I_Q R_2$ 为稳压器静态工作电流在 R_2 上产生的压降。

若 R_2 采用可调电阻,则输出电压 U_o 在一定范围内可调,图 2-95 所示电路便形成一种简易的输出幅度可调的稳压电源。

一般 $I_{R1} > 5I_Q$,I_Q 约为几毫安,当 $I_{R1} \gg I_Q$,即 R_1、R_2 较小时,则有

$$U_o \approx \left(1 + \frac{R_2}{R_1}\right)U_{××}$$

即输出电压仅与 R_1、R_2、$U_{××}$ 有关。上述电路的缺点是,当稳压电路输入电压变化时,I_Q 也发生变化,这将影响稳压器的稳压精度,当 R_2 较大时尤其如此。

② 可调式三端集成稳压器 W317 为可调输出正电压稳压器,W337 为可调输出负电压稳压器。它们的输出电压幅度在 1.2～37V 之间连续可调,其输出电流为 1.5A。图 2-96 (a)、(b) 分别是用 W317 和 W337 组成的可调式输出电压稳压电路。

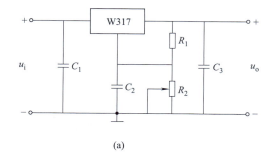

(a)

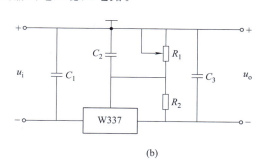

(b)

图 2-96 可调式三端集成稳压器

③ 具有正、负电压输出的稳压电源 当需要正、负两组电源输出时,可以采用 W78×× 系列正压单片稳压器和 W79×× 系列负压单片稳压器各一块,接线如图 2-97 所示。由图可见,这种用正、负集成稳压器构成的正负两组电源,不仅稳压器具有公共接地端,而且它们的整流部分也是公共的。

仅用 W78×× 系列正压单片稳压器也能构成正负两组电源,接法如图 2-98 所示,这时需两个独立的变压器绕组。作为负电源的正压稳压器需将输出端接地,原公共接地端作为输出端。

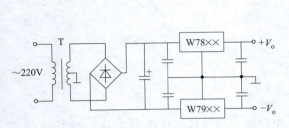

图 2-97 用 W78×× 和 W79×× 系列稳压器组成的正、负双电源

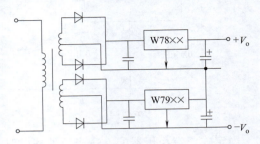

图 2-98 用两块 W78×× 系列稳压器组成的正负双电源

工作任务

一、滤波电路测试

① 用万用表检测二极管后选用 4 只正常的二极管。
② 按图 2-99 在通用电路板上正确安装元器件,组成桥式整流、滤波电路。
③ 按图 2-99 实验电路图正确连接组成实验电路,即将电源变压器二次侧加到整流电路输入端,将滑动变阻器串接电流表后并接在整流电路输出端。

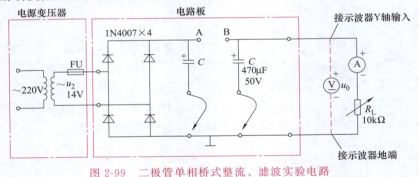

图 2-99 二极管单相桥式整流、滤波实验电路

④ 测试电路。

a. 将 AB 端短接,接上电容 C 构成电容滤波电路,用万用表分别测试 u_2、U_o,用示波器观察并记录 u_2、U_o 的波形。如表 2-8 所示。

b. 将 AB 端间接入电感 L,断开电容 C 构成电感滤波电路,用示波器观察并记录 u_2、U_o 的波形。如表 2-8 所示。

c. 将 AB 端间接入电感 L,再接上电容 C 构成 Γ 型复式滤波电路,用示波器观察并记录 u_2、U_o 的波形。如表 2-8 所示。

二、集成稳压电源组装与调试

1. 识读集成稳压电源电路图,理解工作原理

集成直流稳压电源原理图如图 2-100 所示。图中两个三端器件为 LM7805 和 LM7905,

表 2-8 滤波输出波形记录表

测试端	输入 u_2	输出 u_o			
		整流	整流 C 滤波	整流 L 滤波	整流 Γ 型滤波
波形					

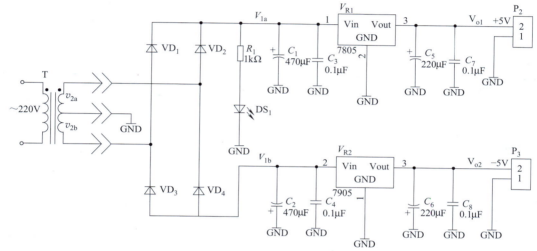

图 2-100　集成直流稳压电源电路图

工作原理如下：220V 交流电加到变压器 T 的初级，变压器降压后得到的交流电约 2×9V 接在 $VD_1 \sim VD_4$ 构成的单相桥式整流电路的输入端，整流后，得到脉动直流电，再经滤波电容滤波后变成 2×10.5V 左右的直流电。将此直流电压加到三端稳压器 LM7805 和 LM7905 的输入端，从输出端就有稳定的直流电压输出。

2. 集成直流稳压电源电路的元器件识别与检测

集成直流稳压电源电路所包含的元器件清单见表 2-9，对照电路图 2-100 清点元器件，了解元器件的主要作用，主要的器件有变压器、二极管、三端稳压器、电解电容等，按照之前学过的知识进行检测，确保元器件是完好的。

表 2-9 集成直流稳压电源电路元器件清单列表

电路符号	元器件名称	数量	参数	元器件作用
$VD_1 \sim VD_4$	整流二极管	4	1N4001	将交流电转换成直流电
C_1、C_2	电解电容	2	470μF/25V	滤波
C_5、C_6		2	220μF/25V	
C_3、C_4、C_7、C_8	瓷片电容	4	0.1μF	抗高频干扰
V_{R1}	三端集成稳压器	1	LM7805	正输出稳压
V_{R2}		1	LM7905	负输出稳压
R_1	电阻器	1	1kΩ	限流电阻

续表

电路符号	元器件名称	数量	参数	元器件作用
DS_1	发光二极管	1	红色	指示灯
P_1	接线端子	1	三端	
P_2、P_3		2	两端	
	印刷电路板	1		

3. 集成直流稳压电源电路的安装

(1) 整流电路的焊接与测试 将四只整流二极管焊接后,用示波器分别观测变压器次级 v_{2a} 输出电压和经二极管整流后的电压 V_{1a} 波形,读出 v_{2a}、V_{1a} 的峰-峰值,记录在表 2-10 中;用万用表测量变压器次级输出电压 v_{2a}、v_{2b},经二极管整流后的电压 V_{1a}、V_{1b} 的大小,记录在表 2-10 中。

表 2-10 数据记录表

记录内容	v_{2a} 波形		V_{1a} 波形	
示波器观测波形记录				
记录内容	v_{2a} 峰-峰值		V_{1a} 峰-峰值	
读取数据				
记录内容	v_{2a}	v_{2b}	V_{1a}	V_{1b}
测量数据				

(2) 滤波电路的焊接与测试 焊接滤波电容 (C_1、C_2 和 C_3、C_4)、发光二极管 DS_1、限流电阻 R_1 后,用示波器观测经过电容滤波后 1 点的电压波形,用万用表测量 1 点、2 点的电压值,记录在表 2-11 中。

(3) 稳压电路的焊接与测试 焊接三端集成稳压器及滤波电容 (C_5、C_6、C_7、C_8),用示波器观测输出端电压 V_{o1} 的波形,用万用表测量输出端电压 V_{o1}、V_{o2} 大小,并记录在表 2-11 中。

表 2-11 数据记录表

记录内容	1 点电压波形		输出端电压 V_{o1} 波形	
示波器观测波形记录				
记录内容	1 点电压值	2 点电压值	输出端电压 V_{o1}	输出端电压 V_{o2}
测量数据				

项目二 汽车基本电路的认识与测量

小　结

1. 直流电路，通常包括电源、用电器（负载）、控制器件和导线。
2. 电流是指单位时间内通过导体的横截面的电荷量，用小写字母 i 表示，即

$$i = \frac{dq}{dt}$$

3. 带电体周围存在着电场，电荷在电场中会受到电场力，当电场力使电荷移动时（由 a 点移动到 b 点），电场力 F 就对电荷做了功，电荷移动所做的功称为电压。
4. 电气设备的额定值主要有额定电流 I_N，额定电压 U_N 和额定功率 P_N。
5. 直流电路的状态包括有载状态、开路状态和短路状态三种。
6. 串联电阻电路具有以下特点：
（1）通过各个电阻的电流相同；
（2）串联电阻两端的总电压 U 等于各电阻上电压的代数和；
（3）串联电阻电路的总电阻（等效电阻）R 等于各电阻值 R_i 之和；
（4）各串联电阻电压与其阻值成正比，串联电阻电路的这一特性，称为分压特性。
7. 并联电阻电路具有以下特点：
（1）各并联电阻的端电压相同；
（2）流过并联电阻电路的总电流 I 等于各支路电流的代数和；
（3）并联电阻电路的总电阻 R 的倒数等于各并联电阻倒数之和；
（4）流过各并联电阻的电流与其阻值成反比，并联电阻电路的这一特性，称为分流特性。
8. 电容串联时，总电容量 C 与各电容之间的关系为：$\frac{1}{C} = \frac{1}{C_1} + \frac{1}{C_2} + \frac{1}{C_3}$；电容并联时，总电容量 C 与各电容之间的关系为：$C = C_1 + C_2 + C_3$。
9. 若有两个电感相串联，则其等效电感为 $L = L_1 + L_2$；两个电感相并联，则其等效电感为 $\frac{1}{L} = \frac{1}{L_1} + \frac{1}{L_2}$。
10. 部分电路欧姆定律：线性电阻 R 两端所加的电压 U 与其通过的电流 I 成正比。可以表示为

$$U = RI$$

$$I = \frac{U}{R}$$

11. 基尔霍夫电流定律简称 KCL，它是确定电路中节点处各支路电流之间关系的定律。KCL 可表述为：任一瞬间，流入一个节点的电流总和等于从该节点流出的电流总和。基尔霍夫电压定律指出，在任一时刻，沿电路中任一闭合回路，各段电压降低的代数和等于零。
12. 正弦交流电的电压或电流的大小和方向都在随时间而变化，通常可分为单相和三相两种。
13. 当正弦电压或电流的瞬时值 u 或 i 大于零时，正弦波形处于正半周，否则就处于负半周。u 或 i 的参考方向即代表正半周时的方向，在正半周，由于 u 或 i 的值为正，所以参考方向与实际方向相同；在负半周，由于其值为负，所以参考方向与实际方向相反。
14. 正弦电动势的瞬时值表达式：$e(t) = E_m \sin(\omega t + \varphi)$，$E_m$ 称为正弦电动势的最大值，ω 称

为正弦电动势的角频率，φ 称为正弦电动势的初相位，E_m、ω、φ 统称为正弦电动势的三要素。

15. 正弦交流电路电阻负载电路特点：

(1) 电压和电流最大值关系为 $I_m = \dfrac{U_m}{R}$。

(2) 电压和电流有效值关系为 $I = \dfrac{U}{R}$。

(3) 相位关系：电压与电流同相位，即 $\varphi_u = \varphi_i$，相位差 $\Delta\varphi = 0$。

16. 正弦交流电路电容负载电路特点：

(1) 电压和电流最大值的关系为 $I_m = \omega C U_m$ 或 $U_m = \dfrac{I_m}{\omega C}$。

(2) 电压和电流有效值关系为 $I = \dfrac{U}{X_C}$。

X_C 称为容抗，单位为欧姆（Ω），容抗是表示电容对电流阻碍作用大小的一个物理量，它与 C 和 ω 成反比，对于一定的电容 C，频率越高，它呈现的容抗越小，反之越大。即对于一定的电容 C，它对低频电流呈现的阻力大，对高频电流呈现的阻力小，在直流情况下可以看作频率 $f = 0$，故 $X_C = \infty$，电容 C 相当于开路，因此电容元件具有"通交流、阻直流"或"通高频、阻低频"的特性。

(3) 相位关系：电容元件电路中，电压和电流出现了相位差，电压滞后电流90°，或者说电容电流超前电压90°。

17. 正弦交流电路电感负载电路特点：

(1) 电压和电流最大值的关系为 $U_m = \omega L I_m$ 或 $I_m = \dfrac{U_m}{\omega L}$。

(2) 电压和电流有效值关系为 $U = X_L I$。

X_L 称为感抗，单位为欧姆（Ω），感抗是表示电感对电流阻碍作用大小的一个物理量，它与 L 和 ω 成正比，对于一定的电感 L，频率越高，它呈现的感抗越大，反之越小。即对于一定的电感 L，它对高频电流呈现的阻力大，对低频电流呈现的阻力小，在直流情况下可以看做频率 $f = 0$，故 $X_L = 0$，电感 L 相当于短路，因此电感元件具有"阻交流、通直流"或"阻高频、通低频"的特性。

(3) 相位关系：电感元件电路中，电压和电流出现了相位差，电压超前电流90°。

18. PN结具有单向导电的性能，在PN结两侧各引出一个电极并加上管壳就形成了半导体二极管。

19. 利用二极管的单向导电性，可以把双向变化的交流电转换为单向的直流电，这个过程称为整流。根据所用交流电的相数，整流电路分为单相整流、三相整流与多相整流。

20. 三极管按其结构分为两类，NPN型和PNP型三极管，三极管具有三个电极，基极b、集电极c和发射极e；对应有三个区，基区、集电区和发射区；有两个PN结，基区和发射区之间的PN结称为发射结Je，基区和集电区之间的PN结称为集电结Jc。

21. 三极管的主要特点是具有电流放大功能。所谓电流放大，就是当基极有一个较小的电流变化（电信号）时，集电极就随之出现一个较大的电流变化。在电路中要求三极管的发射结正偏，集电结反偏。

22. 用晶体管组成放大电路的基本原则

(1) 必须满足三极管放大条件，即发射结正向偏置，集电结反向偏置。

(2) 输入信号在传递的过程中，要求损耗小，在理想情况下，损耗为零。

(3) 放大电路的工作点稳定，失真（即放大后的输出信号波形与输入信号波形不一致的程度）不超过允许范围。

23. 直流稳压电源包括电源变压器、整流、滤波、稳压四部分。电源变压器的任务是将交流电的幅度变换为直流电源所需要的幅度；整流电路的任务是将双向变化的交流电变成单向的脉动直流电；滤波电路的任务是滤除脉动直流电中的交流成分，保留直流成分；稳压电路的任务是使输出电压的幅度保持稳定。

24. 同相比例运算放大电路的输入信号从同相输入端引入，输入与输出之间的关系为：

$$u_o = \left(1 + \frac{R_F}{R_1}\right) u_i \qquad A_{uf} = \frac{u_o}{u_i} = 1 + \frac{R_F}{R_1}$$

25. 反相比例运算放大电路的同相输入端通过电阻 R_2 接地，输入信号 u_i 通过 R_1 送到反相输入端，输出端与反相输入端间跨接反馈电阻 R_F。

$$u_o = -\frac{R_F}{R_1} u_i$$

习　题

1. 根据图 2-101，回答以下几个问题？

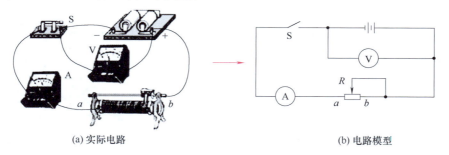

(a) 实际电路　　　　(b) 电路模型

图 2-101　电路（一）

(1) 什么是电路？
(2) 电路的组成有哪些？
(3) 电路的功能是什么？
(4) 图中有什么元器件？并说出名称。
(5) 图中的 A 和 V 是什么？并说明其作用。
(6) 电压和电流的定义是什么？

2. 根据所学内容，分析图 2-102，回答以下几个问题。

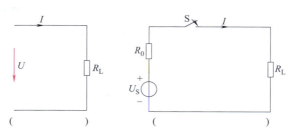

图 2-102　电路（二）

(1) 上面两个电路哪个是部分电路？哪个是全电路？什么是线性电阻？什么是非线性电阻？

(2) 部分电路欧姆定律的表示方法是什么？

(3) 全电路中，电源 U_S、电流 I、电阻之间存在什么关系？

(4) 如图 2-103 所示，电源电压 $U=5V$，$R_0=1\Omega$，$R_L=4\Omega$，计算开关 S 断开与闭合两种情况下的电压 U_{ab} 和 U_{cd}。

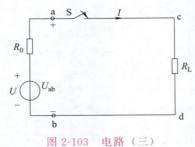

图 2-103　电路（三）

3. 电阻串并联

(1) 图 2-104 中电阻 R_1、R_2 是如何连接的？试画出其等效电路图。

(2) 图 2-105 中电阻 R_1、R_2 是如何连接的？试画出其等效电路图。

图 2-104　电路（四）　　　　　　　　图 2-105　电路（五）

4. 基尔霍夫定律：基尔霍夫定律包括_____和_____。该定律适合各类电路模型，电流定律应用于_____，电压定律应用于_____。

(1) 解释下面的名词

① 二端元件

② 支路

③ 节点

④ 回路

⑤ 网孔

(2) 找出图 2-106 所示电路中的二端元件、支路、节点、回路和网孔。

(3) 什么是基尔霍夫电流定律？图 2-106 所示电路中电流 I_1、I_2、I_3，对 A 点是流入还是流出？电流 I 与 I_1、I_2 之间的关系是什么？

(4) 什么是基尔霍夫电压定律？在图 2-106 所示电路中标注各电阻电压参考方向。电路中各个电阻上的实际电压与参考方向是否一致？写出 ADEF 回路的回路方程。

5. 什么是直流电？什么是交流电？

6. 正弦交流电的定义是什么？

7. 写出图 2-107 中电动势的表达式，说明 E_m、ω、φ 的定义，说明正弦交流电的三要

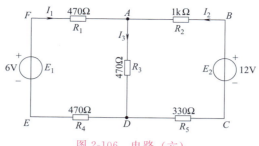

图 2-106　电路（六）

素指什么？并在图 2-107 中标出 E_m、T、φ，T 和 ω 的关系式是什么？

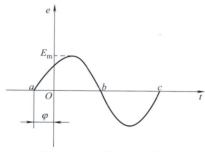

图 2-107　电路的特性曲线

8. 写出正弦交流电的有效值、相位、相位差的定义。
（1）有效值
（2）相位
（3）相位差

9. 交流电路中某条支路的电流 $i=10\sin(628t+45°)$A，试求：（1）i 的角频率、频率、周期；（2）i 的最大值与有效值；（3）i 的初相位；（4）若该电路中另一条支路电流 i_1 其有效值是 i 的 1/2，初相位为 60°，写出 i_1 的瞬时值表达式，并求两电流的相位差，说明二者之间的相位关系。

10. 根据正弦交流电路的知识，根据图 2-108 回答以下问题：

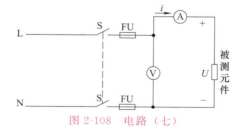

图 2-108　电路（七）

（1）图中 L、N、S、FU 分别代表什么？
（2）图中被测元件可以为哪些类型的元件？
（3）不同被测元件表现是否相同？

11. 画出三相交流电相电压与线电压的波形。

12. 写出三相交流电的三个电动势的表达式。

13. 二极管的两个电极是什么？符号怎么画？根据制作材料，二极管主要有哪两种？

14. 二极管的工作原理是什么？主要参数有哪些？

15. 什么是整流电路？单相半波整流输出直流电压的平均值为多少？

16. 试说明桥式整流电路的工作原理。

17. 三极管的三个电极分别是_____、_____、_____；两个 PN 结是_____、_____；根据 P 型半导体和 N 型半导体组合方式不同，分为_____和_____两种类型。图 2-109 中标出相应内容。

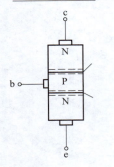 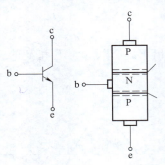 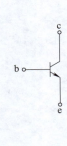

图 2-109 三极管

18. 三极管工作原理：

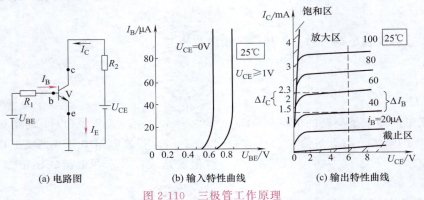

图 2-110 三极管工作原理

从图 2-110 可以看出，该电路属于共_____极接法，输入特性曲线是指_____和_____的关系，输出特性曲线是指当_____为常数时，_____和_____的关系。根据三极管的工作状态，可将输出特性分为三个区域，分别是_____、_____和_____。三极管主要用于放大电路中，此时应工作于_____区，开关和数字电路中，起接通和断开作用，应工作于_____区。

19. 什么是滤波电路？常见的滤波电路有哪几种？

20. 在如图 2-99 所示的电路中，构成 LC 复式滤波电路时，将电容 C 接在 A 点和 B 点，两种滤波效果有何不同？为什么？

21. 在如图 2-99 所示的电路中，若想要观察到半波整流的输出电压波形，示波器的探头应搭接在哪个两端点？

22. 桥式整流电容滤波电路，要求输出直流电压 30V，电流 0.5A，试选择滤波电容的规格，并确定最大耐压值。（交流电源 220V，50Hz）

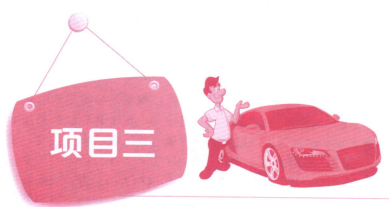

项目三 汽车电路电磁器件的认识

 知识目标

1. 了解磁路的基本概念，掌握磁路感应强度、磁场强度、磁通、磁导率等磁路的基本物理量；
2. 掌握电磁器件的工作原理；
3. 熟悉汽车常用电磁器件继电器及喇叭继电器等应用电路的工作原理的分析；
4. 学会变压器的功能及使用。

任务一 磁感应点火信号发生器的认识

 问题导入

继电器应用于汽车电器中主要起到什么作用？在汽车启动系统中使用启动继电器的作用是什么？

 知识分析

一、磁路的认识

电气设备的工作都是基于电磁的相互作用，如变压器、交流电动机等。电流能产生磁场，磁场在一定条件下也能产生电流，二者密不可分。因此在分析电气设备工作过程时，既要分析电路，也要分析磁路。

所谓磁路，就是约束在铁芯及其所限定的范围内的磁通路径。在分析磁场之前，先了解有关磁路的基础知识。

1. 磁场的基本物理量

（1）磁感应强度　磁场不仅有方向，而且有强弱的不同。巨大的电磁铁能吸起成吨的钢铁。小的磁铁只能吸起小铁钉。怎样来表示磁场的强弱呢？磁场的基本特性是对其中的电流有磁场力的作用，研究磁场的强弱，可以从分析通电导线在磁场中的受力情况着手，找出表示磁场强弱的物理量。

如图 3-1 所示，把一段通电导线垂直地放入磁场中，实验表明：导线长度 L 一定时，电流 I 越大，导线受到的磁场力 F 也越大；电流一定时，导线长度 L 越长，导线受到的磁场力 F 也越大。精确的实验表明：通电导线受到的磁场力 F 与通过的电流 I 和导线的长度 L 成正比，或者说，F 与乘积 IL 成正比。这就是说，把通电导线垂直放入磁场中的某处，无论怎么改变电流 I 和导线长度 L，乘积 IL 增大多少倍，比值 F/IL 与乘积 IL 无关，是一个恒量。在磁场中不同的地方，这个比值可以是不同的值。这个比值越大的地方，表示一定长度的通电导线受到的磁场力越大，即那里的磁场越强。因此，可以用这个比值来表示磁场的强弱。

在磁场中垂直于磁场方向的通电导线，所受的磁场力与电流 I 和导线长度 L 的乘积 IL 的比值叫做通电导线所在处的磁感应强度。如果用 B 表示磁感应强度，那么

$$B = \frac{F}{IL} \tag{3-1}$$

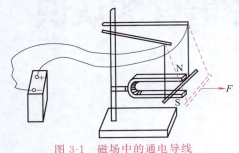

图 3-1 磁场中的通电导线

磁感应强度是一个矢量，它的大小如上式所示，它的方向就是该点的磁场方向。它的单位由 F、I 和 L 的单位决定，在国际单位制（SI）中，它的单位是特［斯拉］（T）。

磁感应强度 B 可用专门的仪器测量，如高斯计。用磁感线的疏密程度也可以形象地表示磁感应强度的大小。在磁感应强度大的地方磁感线密一些，在磁感应强度小的地方，磁感线疏一些。

如果磁场内各点的磁感应强度的大小和方向都相同，这样的磁场则称为匀强磁场。匀强磁场的磁感线，方向相同，疏密程度也一样，是一些分布均匀的平行直线。

（2）磁通　设在匀强磁场中有一个与磁场方向垂直的平面，磁场的磁感应强度为 B（如果不是均匀磁场，则取 B 的平均值），平面的面积为 S，定义磁感应强度 B 与面积 S 的乘积叫做穿过这个面的磁通量（简称磁通）。如果用 Φ 表示磁通，那么

$$\Phi = BS \quad 或 \quad B = \frac{\Phi}{S} \tag{3-2}$$

由式（3-2）可见，磁感应强度在数值上可以看做与磁场方向相垂直的单位面积所通过的磁通，因此，也常叫做磁通密度，并且用韦/米^2（Wb/m^2）作单位。

在国际单位制（SI）中，磁通的单位是 V·S，通常称为韦［伯］（Wb）。

（3）磁导率　磁场中各点磁感应强度的大小不仅与电流的大小和导体的形状有关，而且与磁场内媒介质的性质有关。这一点可通过下面的实验来验证。

先用一个插有铁棒的通电线圈去吸引铁钉，然后把通电线圈中的铁棒换成铜棒再去吸引铁钉，便会发现两种情况下吸力大小不同，前者比后者大得多。这表明不同的媒介质对磁场的影响是不同的，影响的程度与媒介质的导磁性有关。

磁导率（或称导磁系数）μ 就是一个用来表示磁场媒质磁性的物理量，也就是用来衡量物质导磁能力的物理量。不同的媒介质有不同的磁导率，它的单位为亨/米（H/m）。由实

验可测定，真空中的磁导率是一个常数，用 μ_0 表示，即 $\mu_0 = 4\pi \times 10^{-7}$ H/m。

空气、木材、玻璃、铜、铝等非磁性材料的磁导率与真空的磁导率 μ_0 都非常接近。

由于真空中的磁导率是一个常数，所以，将其他媒介质的磁导率与它做比较是很方便的。任意一种媒介质的磁导率 μ 与真空的磁导率 μ_0 的比值，称为该物质的相对磁导率，用 μ_r 来表示，即

$$\mu_r = \frac{\mu}{\mu_0} \quad \text{或} \quad \mu = \mu_0 \mu_r$$

相对磁导率 μ_r 是一个无量纲的数。根据各种物质导磁性能的不同，可把物质大体分为铁磁物质和非铁磁物质两大类，非铁磁物质又可分为反磁性物质和顺磁性物质。

$\mu_r < 1$ 的物质叫做反磁性物质，在这类物质中所产生的磁场要比真空中弱一些，如铜、银等。$\mu_r > 1$ 的物质叫做顺磁性物质，在这类物质中所产生的磁场要比真空中强一些，如各类气体、非金属材料、铝等，这两种物质的磁导率都接近于 1，即 $\mu_r \approx 1$（$\mu \approx \mu_0$）。铁磁性物质的 $\mu_r \gg 1$，而且不是一个常数，通常随磁场强度的变化而改变，各种铁磁物质之间的相对磁导率也有很大的差别，在其他条件相同的情况下，这类物质中所产生的磁场要比真空中的磁场强几千甚至几万倍，因此在电工技术方面应用非常广泛。铁、钢、钴、镍及某些合金都属于这一类物质。几种常用铁磁性物质的相对磁导率表如表 3-1 所示。

表 3-1 几种常用铁磁性物质的相对磁导率

磁性材料	相对磁导率 μ_r	磁性材料	相对磁导率 μ_r
铝硅铁磁粉	2.5～7	铸铁	200～400
镍锌铁氧体（用于1MHz以上）	10～1000	铸钢	200～2200
锰铁锌氧体（用于1MHz以下）	300～5000	硅钢片	7000～10000
		坡莫合金	$10 \times 10^4 \sim 2 \times 10^5$

（4）磁场强度　既然磁场中各点磁感应强度的大小与媒介质的性质有关，这就使磁场的计算显得比较复杂。因此，为了使磁场的计算简单，常用磁场强度这个物理量来表示磁场的性质。

磁场中某点的磁感应强度 B 与媒介质磁导率 μ 的比值，叫做该点的磁场强度。用 H 来表示，即

$$H = \frac{B}{\mu} \quad \text{或} \quad B = \mu H = \mu_0 \mu_r H$$

磁场强度只与产生磁场的电流大小、载流导体的形状以及几何位置有关，而与磁介质的磁导率无关，它也是一个矢量，在均匀的媒介质中，它的方向和磁感应强度的方向一致。在国际单位制中，它的单位为 安/米（A/m）。

2. 磁路的基本定律

（1）电磁感应定律　如图 3-2 所示，在线圈上外加正弦交流电压，绕组中将流过交流电流，从而产生感应电动势

$$e = -N \frac{\mathrm{d}\Phi}{\mathrm{d}t}$$

式中，N 为线圈匝数。感应电动势的方向由 $\frac{\mathrm{d}\Phi}{\mathrm{d}t}$（磁通量的变化率）的符号与感应电动

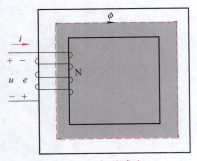

图 3-2 电磁感应

势的参考方向比较而定出。当 $\dfrac{\mathrm{d}\varPhi}{\mathrm{d}t}>0$，即穿过线圈的磁通增加时，$e<0$，这时感应电动势的方向与参考方向相反，表明感应电流产生的磁场要阻止原磁场的增加；当 $\dfrac{\mathrm{d}\varPhi}{\mathrm{d}t}<0$，即穿过线圈的磁通减少时，$e>0$，这时感应电动势的方向与参考方向相同，表明感应电流产生的磁场要阻止原磁场的减少。

(2) 磁路的欧姆定律 将电路与磁路进行比较，电路中流通的是电流 I，磁路中通过的是磁通 $\varPhi$；电动势是激发电流的因素，磁动势是激发磁通的原因；电阻阻碍电流，磁阻阻碍磁通。一段磁路，设长为 l，磁路截面积为 S，磁力线均匀分布于截面上，则磁路中的磁动势、磁通和磁阻三者之间的关系为：通过磁路的磁通与磁动势成正比，而与磁阻成反比，其公式为

$$\varPhi=\dfrac{E_\mathrm{m}}{R_\mathrm{m}}=\mu S\dfrac{NI}{l}$$

上式与电路的欧姆定律相似，磁通对应于电流，磁通势对应于电动势，磁阻对应于电阻，故称为磁路的欧姆定律。它是磁路进行分析与计算所要遵循的基本定律。

式中 $R_\mathrm{m}=\dfrac{l}{\mu S}$，由于铁磁材料的磁导率 μ 是一个变量，因此磁阻 R_m 也不是常数，随磁路的实际情况而变化；而空气的磁导率 μ_0 很小且是常数，所以空气的磁阻是线性的，且数值很大。若铁芯磁路中存在气隙，由于铁磁材料的磁导率 μ 要比空气的磁导率 μ_0 大几百倍甚至几千倍，因此即使磁路中存在很短的一段空气隙，但是其磁阻却远大于其他各段铁磁性材料构成磁路的磁阻。磁路的气隙增大时，必然造成磁路磁阻 R_m 的大大增加，磁路磁通势的绝大部分被消耗在空气隙中。因此，在电气设备中应尽可能减少不必要的空气隙。磁路的欧姆定律远没有电路的欧姆定律应用得那么广泛。铁磁性材料的磁阻是非线性的，所以磁路的欧姆定律多用于对磁路进行定性分析。

(3) 磁路的基尔霍夫定律

① 基尔霍夫磁通定律 如图 3-3 所示磁路，设在磁路分支处作一闭合面 S，则穿过此闭合面的磁通应满足磁通连续性原理，即

$$\varPhi_1=\varPhi_2+\varPhi_3$$

写成一般形式为

$$\sum\varPhi=0$$

上两式表明，对于任一闭合面，穿出闭合面的磁通等于穿入闭合面的磁通，也可以表述为穿过某一闭合面的磁通的代数和等于零，它反映了磁通的连续性，实质是反映了磁场中磁力线的闭合性。上式为基尔霍夫磁通定律。

② 基尔霍夫磁位差定律 闭合磁路 $abca$，一个闭合磁路通常是由几段截面积 S 不同或者材料不同（如空气隙与铁磁性材料）的磁路构成，因此要分析磁路，

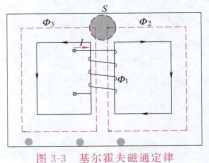

图 3-3 基尔霍夫磁通定律

就必须首先对磁路进行分段处理。

分段的原则是磁路中截面积 S 与材料相同的磁路分为一段。根据截面积和材料不同，如图 3-4 所示，磁路可分为 3 段：ab 段、bc 段、ca 段，在每一段里磁感应强度 B 和磁场强度 H 相等。设磁路中磁场均匀，各段的磁场强度分别为 H_1、H_2、H_3，各段长度分别为 l_1、l_2、l_3，磁场强度方向与各段路径重合，根据安培环路定律可得

$$H_1 l_1 + H_2 l_2 + H_3 l_3 = NI$$

一般情况下可以写成

$$\sum(Hl) = \sum(NI) = \sum E_m$$

式中　NI——磁路的磁动势 E_m；
　　　Hl——磁位差 U_m。

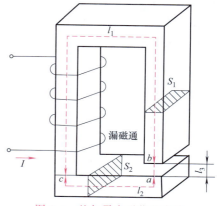

图 3-4　基尔霍夫磁位差定律

上式称为基尔霍夫磁位差定律。它表明闭合磁路中各段磁位差的代数和等于各磁动势的代数和。任选磁路绕行方向，当某段的磁力线方向与闭合路径绕行方向一致时，磁位差取正，否则取反。电流方向与闭合路径绕行方向满足右手螺旋定则时，磁动势取正，否则取反。

例 3-1　图 3-5 所示为一无分支磁路，磁路中磁通为顺时针方向，试对磁路进行分段，并写出该磁路的磁位差平衡式。

解：①根据材料、截面积的不同，磁路分为 3 段。

第一段磁路：截面积为 S_1，铁磁性材料。

第二段磁路：截面积为 S_2（$S_1 \neq S_2$），材料与第一段相同。

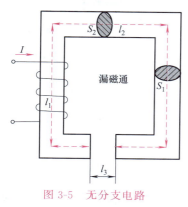

图 3-5　无分支电路

第三段磁路：截面积为 S_2，非铁磁性材料——空气隙。

② 根据磁路欧姆定律，写出各段磁路的磁位差的表达式，由于无分支磁路中各段的磁通相同，可得

$$U_{m1} = 2H_1 l_1 = \Phi R_{m1}$$
$$U_{m2} = H_2(2l_2 - l_3) = \Phi R_{m2}$$
$$U_{m3} = H_3 l_3 = \Phi R_{m3}$$

根据基尔霍夫磁位差定律可得

$$NI = \sum(Hl) = U_{m1} + U_{m2} + U_{m3} = \Phi(R_{m1} + R_{m2} + R_{m3}) = \Phi R_m$$

即

$$\Phi = \frac{NI}{R_m}$$

式中　磁路总磁阻 R_m 为

$$R_m = R_{m1} + R_{m2} + R_{m3}$$

由于空气隙中的磁阻远远大于铁磁性材料中的磁阻，因此在工程上，在求磁路总磁阻时，往往忽略铁磁性材料中的磁阻，这样磁路总磁阻就近似等于空气隙中的磁阻，即

$$R_m = R_{m1} + R_{m2} + R_{m3} \approx R_{m3}$$

尽管磁路和电路在形式上非常相似，但两者之间却有着本质上的区别，将无分支磁路与单回路电阻电路进行对比，磁阻的串联对应电阻的串联，磁路的磁通对应电路的电流。为了便于大家理解和记忆，现将磁路和简单的直流电路的模型结构、基本物理量及其有关定律列表进行比较，如表3-2所示。

表 3-2 磁路和电路对照表

项目 \ 路别	磁路	电路
模型结构	（磁路模型图）	（电路模型图）
基本物理量	磁通 ϕ 磁位差 U_m 磁动势 E_m 磁感应强度 B 磁阻 $R_m = \dfrac{l}{\mu S}$ 磁导率 μ	电流 I 电压 U 电动势 E 电流密度 J 电阻 $R = \rho \dfrac{l}{S}$ 电导率 γ
欧姆定律	$\phi = \dfrac{E_m}{R_m} = \dfrac{NI}{\dfrac{l}{\mu S}}$	$I = \dfrac{U_S}{R} = \dfrac{U_S}{\rho \dfrac{l}{S}}$
基尔霍夫定律	$\sum \phi = 0$ $\sum (Hl) = \sum (NI)$	$\sum I = 0$ $\sum IR = \sum U_S$

二、磁感应点火信号发生器

汽车点火系统的作用是为汽油发动机气缸内已压缩的可燃混合气提供足够能量的电火花，使发动机能及时、迅速地燃烧做功。点火系统在发动机各种工况和使用条件下，均应保证可靠而准确地点火。汽车点火系统的类型很多，下面以日本丰田汽车发动机所装用的典型的无触点磁感应式电子点火系统为例，分析系统主要部件——磁感应式点火信号发生器的工作原理。

如图3-6所示，磁感应式点火信号发生器主要由装在分电器轴上的信号转子、永久磁铁、铁芯（支座）和绕在铁芯上的感应线圈等组成。信号转子由分电器轴驱动，转子上的凸齿数与发动机气缸数相等。

磁感应式点火信号发生器是利用电磁感应原理工作的。在信号转子转动时，通过传感线圈的磁通发生变化，使线圈内感应电动势的方向发生交变变化，此时将线圈两端输出的交变信号（正脉冲或负脉冲信号）送至点火模块输入端，就可控制点火装置的工作。

信号发生器磁通路径：永久磁铁N极—空气隙—信号转子—空气隙—铁芯（通过传感线圈）—永久磁极S极。

根据磁路欧姆定律 $\phi = \dfrac{NI}{R_m}$，当磁通势一定的情况下，磁通与磁阻成反比。在信号转子旋转时，信号转子的凸齿与铁芯间的空气隙将发生变化，从而引起磁阻的不断变化，使通过

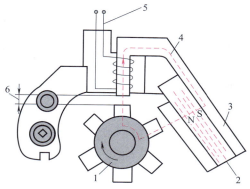

图 3-6 磁感应式点火信号发生器

1—信号转子；2—永久磁铁；3—铁芯；4—磁通；5—传感线圈；6—空气隙

传感线圈的磁通发生变化，因此，在传感线圈中便产生感应电动势。

信号转子旋转的 3 个不同状态，如图 3-7 所示。

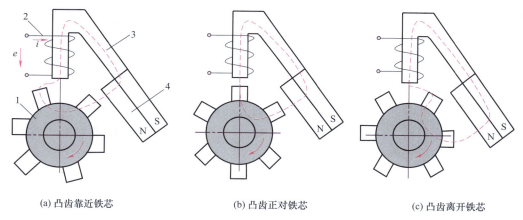

(a) 凸齿靠近铁芯　　　　　(b) 凸齿正对铁芯　　　　　(c) 凸齿离开铁芯

图 3-7 信号转子旋转的 3 个不同状态

1—信号转子；2—传感线圈；3—铁芯；4—永久磁铁

① 如图 3-7（a）所示，当信号转子凸齿靠近铁芯时，凸齿与铁芯之间的空气隙逐渐减小，主磁路的总磁阻 R_m 逐渐减小，通过传感线圈的磁通量 ϕ 逐渐增大，磁通变化率 $d\phi/dt > 0$。

② 如图 3-7（b）所示，当信号转子凸齿与铁芯中心线正好正对时，凸齿与铁芯之间的空气隙最小，主磁路的总磁阻 R_m 最小，通过传感线圈的磁通量 ϕ 最大，但磁通的变化率 $d\phi/dt = 0$。

③ 如图 3-7（c）所示，当信号转子从图 3-7（b）位置向图 3-7（c）位置转动时，信号转子凸齿逐渐离开铁芯，凸齿与铁芯之间的空气隙逐渐增大，主磁路的总磁阻 R_m 逐渐增大，通过传感线圈的磁通量 ϕ 逐渐减小，磁通的变化率 $d\phi/dt < 0$。

根据电磁感应定律 $e = -N\dfrac{d\phi}{dt}$，磁通交变，在传感器线圈中会产生一个感应电动势，阻碍磁通量的变化。对于 6 缸发动机，转子每转过一圈就会产生 6 次周期交变电动势信号，而且其幅值与转速成正比。

三、铁磁性材料

根据自然界物质导磁性能的不同,物质可分为两大类:一类是非磁性材料,如铝、纸、空气和木材等,此类材料导磁性能较差,相对磁导率 $\mu_r \approx 1$;另一类磁性材料或铁磁材料,如铁、镍、钴等,此类材料导磁性好,相对磁导率 $\mu_r \gg 1$,常用来做成电磁设备中的铁芯。

1. 磁化现象

所谓磁化,是指在外磁场的作用下,使本来不具备磁性的物质,具有了磁性的现象。只有铁磁性物质才能被磁化。被磁化的原因主要分为以下两种。

① 内因:铁磁性物质是由许多体积约为 $10^{-9}\mathrm{cm}^3$ 被称为磁畴的磁性小区域组成的,每一个磁畴相当于一个小磁铁。

② 外因:有外磁场的作用。

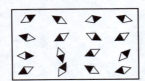
(a) 无外磁场作用

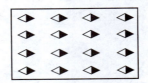
(b) 有外磁场作用

图 3-8 磁畴排列

如图 3-8(a)所示,当无外磁场作用时,这些磁畴的排列是杂乱无章的,它们的磁性相互抵消,对外不显磁性;如图 3-8(b)所示,在一定强度的外磁场作用下,这些磁畴将顺着磁场方向转动,做有序排列,显示出很强的磁性,形成磁化磁场,使铁磁性物质内的磁感应强度大大增强。有些铁磁性物质在撤去磁场后,磁畴的一部分或大部分仍然保持取向一致,对外仍显磁性,即为永久磁铁。

注意:

a. 非铁磁物质由于没有磁畴结构,所以不具有磁化特性。

b. 不同的铁磁性物质,磁化后的磁性不同。

c. 铁磁性物质被磁化的性能,被广泛地应用于电子和电气设备中,如变压器、继电器、电机等。

2. 磁化曲线

(1) 磁化曲线的定义　铁磁性物质的磁感应强度 B 随磁场强度 H 变化的曲线,称为磁化曲线,也叫 B-H 曲线。磁化曲线是用来描述磁性物质的磁化特性的。

(2) 磁化曲线的测定　图 3-9 是测量磁化曲线装置的示意图,把一个原来不具有磁性的环形铁芯线圈接在实验电路中。先在线圈中加以正向电压,调节可变电阻 R 使正向电流从零开始增大,原来不具有磁性的铁芯就会在电流的磁场 H 作用下被磁化。

图 3-10 是根据测量值做出的磁化曲线,表示了铁磁性物质的磁化过程。由图可以看出,B 与 H 的关系是非线性的,即 $\mu = \dfrac{B}{H}$ 不是常数。

① 分析

项目三 汽车电路电磁器件的认识

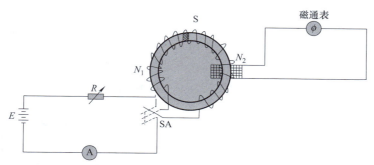

图 3-9 磁化曲线的测定

a. 0-a 段：称为起始磁化段。曲线上升缓慢，这是由于磁畴的惯性，当外加磁场 H 从 0 开始逐渐增加时，B 随着 H 成线性增加。

b. a-b 段：称为直线段。随着 H 的增大，B 几乎直线上升，这是由于磁畴在外磁场作用下，大部分都趋向 H 方向，B 增加很快，曲线很陡，表明了铁磁物质具有高导磁性。正是由于铁磁性材料的高导磁性，许多电气设备的线圈都绕制在铁磁性材料上，以便用较小的励磁电流产生较大的磁场、磁通。在相同的励磁绕组匝数和励磁电流的条件下，采用铁芯后可使磁感应强度增强几百倍甚至几千倍。

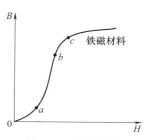

图 3-10 磁化曲线

c. b-c 段：随着 H 的增加 B 的上升又缓慢了，这是由于大部分磁畴方向已转向 H 方向，随着 H 的增加只有少数磁畴继续转向，B 的增加变得缓慢了，铁芯开始进入饱和状态，c 点称饱和点，该点的磁感应强度随材料而异，一般为 0.8～1.8T。这段称为磁化曲线的膝部，电动机和变压器等铁芯的磁感应强度数值多数选择在这个部位，充分利用铁磁性材料的高导磁性。

d. c 点以后：称为饱和段，此时的磁感应强度叫做饱和磁感应强度。到达 c 点以后，磁畴几乎全部转到了外磁场方向，再增大 H 值，B 也几乎不再增加，曲线变得平坦。

不同的铁磁性物质，B 的饱和值不同；对同一种材料，B 的饱和值是一定的，未饱和时磁导率最大，而越趋于饱和，磁导率越小。在图 3-10 中，b-c 段对应磁导率最大，而 c 点以后的段磁导率最小。

② 磁化曲线的意义　各种铁磁性物质的磁化曲线可用实验方法测出来，在磁化曲线中，已知 H 值就可查出对应的 B 值。因此，在计算介质中的磁场问题时，磁化曲线是一个很重要的依据。

图 3-11 给出了几种不同铁磁性物质的磁

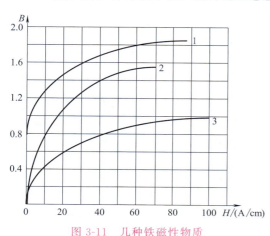

图 3-11 几种铁磁性物质的磁化曲线

1—硅钢片；2—铸钢；3—铸铁

化曲线,从曲线上可看出,在相同磁场强度 H 下,硅钢片的 B 值最大,铸铁的 B 值最小,说明硅钢片的导磁性能比铸铁要好得多。

3. 磁滞回线

上面讨论的磁线曲线只反映了铁磁性物质在外磁场由零逐渐增强的磁化过程,而很多实际应用中,励磁电流的大小和方向是随时间往复变化的,铁磁性物质则工作在交变磁场中,被反复磁化,所以,必须研究铁磁性物质反复交变磁化的问题。

(1) 磁滞回线的分析 图 3-12 为通过实验测定的某种铁磁性物质的磁滞回线。

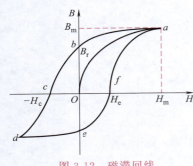

图 3-12 磁滞回线

① 当 B 随 H 沿起始磁化曲线达到饱和值以后,逐渐减小 H 的数值,由图可看出,B 并不沿起始磁化曲线减少,而是沿另一条在它上面的曲线 ab 下降。

② 当 H 减小到零时,$B \neq 0$,而是保留一定的值称为剩磁,用 B_r 表示,永久性磁铁就是利用剩磁很大的铁磁性物质制成的。

③ 为消除剩磁,必须加反向磁场,随着反向磁场的增强,铁磁性物质逐渐退磁,当反向磁场增大到一定值时,B 值变为 0,剩磁完全消失,如 bc 段。bc 段曲线叫退磁曲线,这时 H 值是为克服剩磁所加的磁场强度,称为矫顽磁力,用 H_c 表示。矫顽磁力的大小反映了铁磁性物质保存剩磁的能力。

④ 当反向磁场继续增大时,B 值从 0 起改变方向,沿曲线 cd 变化,并能达到反向饱和点 d。

⑤ 使反向磁场减弱到 0,B-H 曲线沿 de 变化,在 e 点 $H=0$,再逐渐增大正向磁场,B-H 曲线沿 efa 变化,完成一个循环。

⑥ 从整个过程看,由于分子热运动,在交变磁化过程中,其磁畴在外磁场作用下不断转向,但它的分子热运动又阻止它的转向。因此,磁畴的转向总跟不上外加磁场的变化,即磁感应强度 B 的变化总是滞后于磁场强度 H 的变化,这种现象称为磁滞现象。经过多次循环,可得到一个封闭的对称于原点的闭合曲线 ($abcdefa$),称为磁滞回线。

⑦ 改变交变磁场强度 H 的幅值,可相应得到一系列大小不一的磁滞回线,如图 3-13 所示,连接各条对称的磁滞回线的顶点,得到一条磁化曲线,叫基本磁化曲线。

(2) 磁滞损耗 铁磁性物质在反复交变磁化的过程中,内部磁畴的极性取向随着外磁场的交变来回翻转,在翻转的过程中,磁畴间相互碰撞和内摩擦使铁芯发热,这种热量损失称为磁滞损耗,用 ΔP_h 表示。它是导致铁磁性材料发热的原因之一,对电动机、变压器等电气设备的运行不利。一般采用磁滞损耗小的铁磁材料做它们的铁芯。磁滞回线包围的面积越大,磁滞损耗越大,所以剩磁和矫顽磁力越大的铁磁性物质,磁滞损耗就越大,磁滞回线形状常被用来判断铁磁性物质的性质和作为选择材料的依据。

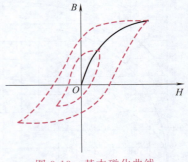

图 3-13 基本磁化曲线

4. 常用磁性材料

铁磁性物质根据磁滞回线的形状可以分为软磁性物质、硬磁性物质和矩磁性物质三大类。

（1）软磁性物质　软磁性物质的磁滞回线窄而陡，回线所包围的面积比较小，如图3-14（a）所示，因而在交变磁场中的磁滞损耗小，比较容易磁化，但撤去外磁场后，磁性基本消失，即剩磁和矫顽磁力都较小。

软磁性物质主要有纯铁、硅钢、坡莫合金和软磁体氧体等，这种物质适用于需要反复磁化的场合，其中低碳钢和硅钢片多用于作电动机和变压器的铁芯；含镍的铁合金片多用于变频器和继电器；铁氧体和非晶态材料多用于振荡器、滤波器、磁头等高频磁路中。

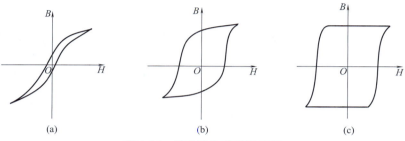

图 3-14　铁磁性物质磁滞回线

（2）硬磁性物质　硬磁性物质的磁滞回线宽而平，回线所包围的面积比较大，如图3-14（b）所示，因而在交变磁场中的磁滞损耗大，必须用较强的外加磁场才能使它磁化，但一经磁化后，如撤去外磁场，仍能保留较大的剩磁，而且不易去磁，即矫顽磁力比较大，适宜于制作永久磁铁。

硬磁性物质主要有碳钢、钨钢、铝镍钴合金和钡铁氧体等，这种物质主要用于制成磁电式仪表、永磁式扬声器、永磁发电机、磁悬浮、软水器、流量计、微波器、核磁共振、磁疗、传感器、耳机等。

（3）矩磁性物质　这是一种只有矩形磁滞回线的铁磁性物质，如图 3-14（c）所示，它的特点是外加很小的外磁场作用时，就能使它磁化，并立刻达到饱和，去掉外磁场后，磁感应强度仍然保持饱和时的状态。加反向磁场时，又会马上由正向饱和值跳变为反向饱和值，并保持该反向饱和值不变。由于这类铁磁性物质构成的工程材料在反复磁化时获得的磁滞回线形状像一个矩形而被称为矩磁性材料。矩磁性材料磁化时只具有正向饱和和反向饱和两种稳定状态，因此工作可靠、稳定性良好，同时这两种稳定状态恰好对应二进制中的 0 和 1 两个数码，因此在计算机和控制系统中被广泛应用于制作各类存储器记忆元件、开关元件和逻辑元件的磁芯，常用的矩磁性物质主要有锰镁铁氧体和锂锰铁氧体等。

此外，还有压磁性物质，它是一种磁致伸缩效应比较显著的铁磁性物质，在外磁场的作用下，磁体的长度会发生改变，这种现象就叫做磁致伸缩效应。如果外加交变磁场，则磁致伸缩效应会使这种物质产生振动。这种物质可用来制造超声波发生器和机械滤波器等。

5．消磁和充磁

（1）消磁的原理和方法

① 永久性消磁。比较难办，高温时分子极性排布混乱。

② 非永久性的消磁，比较简单，一种是高温，另一种是用较强的磁场恰到好处地使原有的磁性消失。

③ 震荡消磁，在强烈的震荡下分子极性原有的规律性排布也会被打乱，从而消去磁性。

(2) 充磁的原理和方法

① 接触充磁法　充磁的磁源是一根磁性很强的永久性磁铁,将它与充磁铁的相反极性的两极分别接触,并连续摩擦几下,充磁就结束了。这个方法的充磁效果较差,但作为临时充磁是很实用的。应特别注意的是,接触极性必须是异极性,否则将会使永久磁铁的磁性更加减弱。

② 通电充磁法　如果永久性磁体上还绕有线圈,如耳机之类的永久磁铁,可以采用6V干电池(如属高阻抗耳机,电压可适当提高),正极接入线圈的一端,然后用另一端接触电池负极,如果永久磁铁的磁性增强,则再接触几下即可,如果磁性减弱,则要调换极性再充。

③ 加绕线圈充磁法　体积较大的长柱形永久磁体失磁后,可用漆包线在永久磁铁上绕200圈左右,然后将该线圈的一端接上6V电池负极,线圈的另一头与电池的正极碰触几下,永久磁铁就能达到充磁的目的,但必须先测试永久磁铁的磁场方向是否与线圈所产生的磁场方向相一致。

电气设备的工作状态都是基于电路和磁路的共同作用,了解铁磁性材料特性有助于对电路故障现象的分析判断。

任务二　汽车喇叭继电器的认识

继电器是一种根据某种物理量的变化,使其自身的执行机构动作的电器。它利用动断和动合触点,进行电路的切换,广泛应用于汽车电子控制系统中。由于继电器是利用改变金属触点的位置,使动触点和静触点闭合或分开,所以具有接触电阻小、流过电流大、耐高温、动作迅速、反应灵敏等优点。它是一种可用较小的电流来控制较大电流的自动开关。特别适合大电流、高电压的场合使用,小型继电器也常用作精密测量电路的转换开关。

继电器的种类很多,按输入信号可以分为电压继电器、电流继电器、功率继电器、压力继电器和温度继电器等;按工作原理可分为电磁式继电器、感应继电器、电动式继电器、电子式继电器和热继电器等。

一、电磁式继电器

1. 结构

电磁式继电器通常用来传递信号和同时控制多个电路,也可直接用它来控制电气执行元件。在汽车电气设备中触点式电压调节器、带启动继电器的电磁操纵强制啮合式启动机等都用到电磁式继电器。电磁式继电器由电磁机构和可与电磁铁联动的触头系统组成,如图3-15所示。

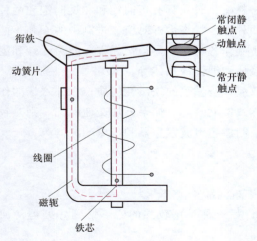

图3-15　电磁式继电器结构

2. 工作原理

当电磁式继电器线圈两端加上一定的电压或电流,线圈产生的磁通通过铁芯、磁轭、衔铁、磁路工作气隙组成的磁路,在磁场的作用下,衔铁吸向铁芯磁极面,从而使常闭触点断开,常开触点闭合;当线圈两端电压或电流小于一定值时,机械反力大于电磁吸力时,衔铁回到初始状态,常开触点断开,常闭触点闭合。图 3-16 所示为常用电磁式继电器的图形符号,其中触点的位置为线圈未得电时的原始状态,常开触点断开,常闭触点闭合。在选用继电器时,主要是考虑电压等级和触头的数量。

继电器

图 3-16　常用电磁式继电器的图形符号

3. 分类

(1) 电磁式继电器按其在电路中的控制方式,可分为电流继电器、电压继电器和中间继电器等。

电磁式电流继电器的线圈串于被测电路中,根据电流的变化而变化。

电磁式电压继电器把线圈并接于被测电路中,线圈匝数多,导线细、阻抗大。继电器根据所接线路电压值的变化,处于吸合或释放状态。

中间继电器实质上是电压继电器,只是触头数量多,容量也大,当电路的端电压达到规定值时,中间继电器动作。适用于多回路多触点的控制。

(2) 电磁式继电器按连接方式又可分为接柱式继电器和插接式继电器。接柱式继电器容量较大,在国产车的启动电路、电扬声器电路中常见,但连接麻烦。插接式继电器安装方便,体积相对较小,成本较低,便于控制电路使用。图 3-17 所示为常见插接式继电器的外形示意图。

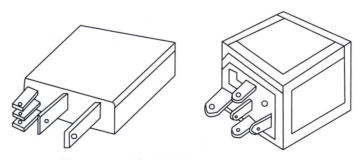

图 3-17　几种常见插接式继电器的外形示意图

几种常见插接式继电器的内部结构及插座插脚布置图如图 3-18 所示,线圈得电,常开触点闭合,常闭触点断开,图 3-18 (b)、(d) 中的续流二极管和电阻都是起保护继电器的作用。

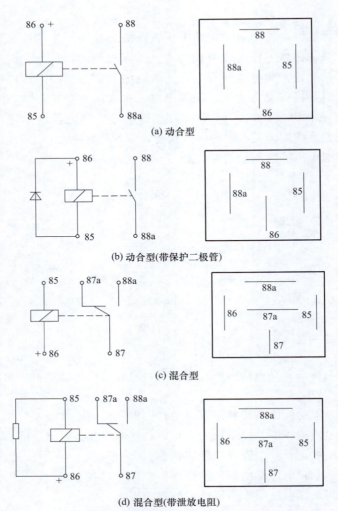

图 3-18 几种常见插接式继电器的内部结构及插座插脚布置图

汽车上许多电器部件需要开关进行控制。由于汽车电器系统电压较低，具有一定功率的电器部件的工作电流较大，一般在几十安以上，这样大的电流直接连接开关，或直接按键进行通断控制，开关或按键的触点很容易烧蚀。继电器是一种利用小电流控制大电流的器件，继电器本身的触点可以做得很大，能够承受大电流的冲击。所以在汽车上经常利用开关来控制继电器的吸合与断开，从而利用继电器的触点控制电器部件的通断。

4. 应用

图 3-19 所示为继电器控制显示与报警电路。当按钮按下，左边由电源、按钮、继电器线圈构成的控制电路产生电流，继电器线圈得电。由于电磁吸力作用，使继电器触点闭合，从而接通右边报警电路，此时显示灯点亮，同时电铃报警。

在汽车电路中有多种形式的继电器，用于控制不同的电路，如扬声器继电器、启动继电器、闪光（转向）继电器、刮水继电器等。

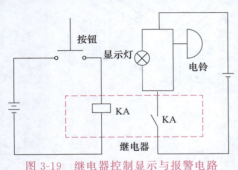

图 3-19 继电器控制显示与报警电路

二、汽车喇叭继电器

汽车喇叭开关电路是汽车音响信号装置。在汽车的行驶过程中，用来警告行人或其他车辆，以引起注意，保证交通安全，同时还可以用于催行与传递信号。为了保护喇叭按钮，专门安装了喇叭继电器。在汽车上开关只控制继电器线圈的通断，而继电器用线圈产生的电磁力来通断开关所要控制的电路。

1. 汽车喇叭继电器的工作原理

汽车喇叭电路中的继电器线圈有电流通过时，继电器常开触点闭合，接通蓄电池和喇叭部件中的电路；否则，继电器常开触点断开。

2. 汽车喇叭继电器的作用

汽车上有许多控制按钮（或开关），都不直接与负载连接，往往要串联一个继电器。汽车加入继电器后，控制按钮（或开关）只流过较小的继电器线圈电流，因而控制按钮（或开关）就不容易损坏，故可起到保护按钮（或开关）的作用，按钮（或开关）使用寿命得以延长。

目前，喇叭按其发音可分为电喇叭和气喇叭；按外形可分为螺旋形、筒形和盆形；按声频可分为高音和低音；按音质可分为单音、双音和三音喇叭；按线路方式可分为单线制和双线制喇叭；按有无触点可分为有触点式（普通式）和无触点式（电子式）电喇叭。

汽车电喇叭主要用于具有空气制动装置的重型载重车上。电喇叭具有接电方便、结构简单、体积小、质量轻、声音悦耳、检修容易等优点，因而在中小型车辆中获得了广泛应用。现代汽车一般用双音盆形低噪声电喇叭。

3. 盆形电喇叭

（1）盆形电喇叭电路的结构　盆形电喇叭结构如图 3-20 所示，有振动机构和电路连接机构两个部分，主要由铁芯、线圈、衔铁、膜片、共鸣板、压铁和触点等组成。

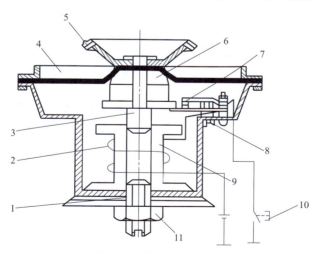

图 3-20　盆形电喇叭结构

1—下铁芯；2—线圈；3—上铁芯；4—膜片；5—共鸣板；6—衔铁；7—触点；8—调整螺钉；
9—铁芯；10—喇叭按钮；11—锁紧螺母

（2）盆形电喇叭电路的工作原理　当按下喇叭按钮 10 时，就形成如下的电流通路（必须完成一个闭合回路,从正极到负极):蓄电池正极→线圈2→触点7→喇叭按钮10→搭铁→蓄电池负极。线圈2通电后产生电磁吸力,吸动上铁芯3及衔铁6下移,使膜片4向下拱曲,衔铁6下移中将触点7顶开,线圈2电路被切断,其电磁力消失,上铁芯3、衔铁6在膜片4弹力作用下复位,触点7闭合。如此反复,一通一断,使膜片及共鸣板振动辐射发声。

线圈通电产生吸力,上铁芯被吸下与下铁芯撞击,产生较低的基本频率,并激励膜片及与膜片连成一体的共鸣板产生共鸣,从而发出比基本频率强得多而且分布比较集中的谐音。同时压下动触点臂,使触点分开以切断电路,电磁力消失。当铁芯磁力消失后,衔铁又回到原位,触点重新闭合,电路再次接通。这样,线圈中将流过时通时断的电流,因此振动膜片时吸时放,产生振动而发出音响。

4. 双音电喇叭继电器

为了得到较为和谐悦耳的声音,在汽车上常装有两个不同音调(高、低)的电喇叭,其中高音喇叭膜片厚、扬声器短,低音喇叭则相反。双音电喇叭继电器电路如图3-21所示。

喇叭继电器

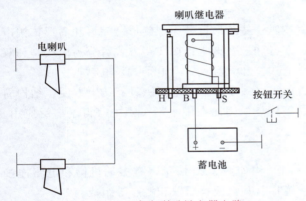

图 3-21 双音电喇叭继电器电路

专用单只螺旋形电喇叭或两只盆形喇叭时,电喇叭总电流较小(小于8A),一般直接由方向盘上喇叭按钮控制。当装有两只螺旋形电喇叭时,电喇叭耗用较大电流(小于15~20A),采用按钮直接控制,易烧蚀按钮触点。为避免这个缺点,可采用喇叭继电器控制双音电喇叭。按下方向盘上喇叭按钮时,喇叭继电器线圈通电,使继电器铁芯产生电磁吸力,将继电器触点闭合,接通了双音电喇叭,喇叭发音。松开方向盘喇叭按钮时,继电器线圈断电,铁芯电磁吸力消失,触点在自身弹力作用下张开,切断了电喇叭电路,电喇叭停止发音。

喇叭继电器的作用就是利用铁芯线圈的小电流控制触点的大电流,从而保护方向盘按钮触点。

工作任务 >>> 汽车喇叭电路的故障诊断与排除

一、工作描述

汽车喇叭不响,打开点火开关(喇叭工作受点火开关控制的车辆),按动汽车喇叭开关,喇叭不响。

二、工作目的

① 掌握电磁继电器的结构和工作原理。
② 掌握电磁继电器在汽车喇叭电路中的应用。

三、工作过程

以小组讨论的形式分析电喇叭常见故障,将故障分析填入表3-3中。

项目三　汽车电路电磁器件的认识

表 3-3　电喇叭常见故障分析

序号	故障现象	故障原因	检修方法
1	按下喇叭按钮，喇叭不响		
2	按下喇叭按钮，喇叭声音沙哑		
3	按下喇叭按钮，喇叭不响，只发出"嗒"的一声		
4	触点容易烧蚀		

任务三　汽车点火线圈的认识

问题导入

继电器应用于汽车电器中主要起到什么作用？在汽车启动系统中使用启动继电器的作用是什么？

知识分析

一、变压器

变压器是一种常见的电气设备，它是利用两个或两个以上绕组间的"电磁互感"作用来传送电能或电信号的电气设备或器件。

1. 变压器的用途

变压器的基本作用是改变交流电压。在电力系统中，输送同样功率的电能，电压越高，电流就越小，输电线路上的功率损耗也越小。另外，输电线的载流面积也可以减小，这样就可减小导线的金属用量。因此，发电厂都用电力变压器将电压升高，再把电能送往远处的用电地区。输电距离越远，电压也应越高。用电时，又必须经变压器将电压降下来以适应各种用电设备和安全用电的需要。

此外，变压器在各种交流电路中，还用作改变电弧、阻抗和相位，用作功率传输、级间耦合和信号反馈等。

2. 变压器的分类

变压器的种类很多，可以按用途、相数、铁芯结构和冷却方式等进行分类。

（1）按用途分类

① 电力变压器。用在输配电系统里，容量从几十千伏安到几十万千伏安。采用的电压等级有 10kV、35kV、110kV、220kV、330kV 和 500kV 等几种。

② 供给特殊电源用的变压器。例如工业生产中的电焊变压器、整流变压器和电炉变压器等。

③ 仪用互感器。测量大电流、高电压和大功率交流电路时，需运用电流互感器和电压互感器来扩大交流仪表的量程和确保测量安全。

（2）按导电相数分类　按导电相数分类有单相变压器、三相变压器和多相变压器，结构和磁路如图 3-22 和图 3-23 所示。

93

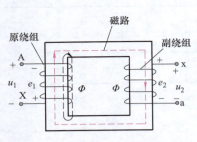

图 3-22 单相变压器结构与磁路

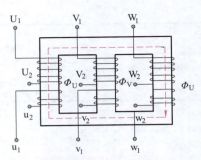

图 3-23 三相变压器结构与磁路

（3）按铁芯结构分类　按铁芯结构，变压器可分为铁芯式变压器和铁壳式变压器。

（4）按冷却方式分类　按冷却方式分类有油浸变压器、干式变压器和充气式变压器。

（5）按导磁材料分类　按导磁材料分类可分为硅钢片变压器、低频磁芯变压器、高频磁芯变压器三种。

3. 变压器的结构

（1）单相变压器的结构　图 3-22 是单相变压器的结构，主要由绕组（线圈）和铁芯两部分组成。

绕组有：一次绕组（又称原绕组）与电源端相连接；二次绕组（副绕组）与负载端相连接。

铁芯：主要产生电磁通路（磁路），一般由厚 0.35mm 或 0.5mm 高导磁硅钢片叠成，构成变压器的一次绕组（原绕组）、二次绕组（副绕组交链磁路）。

（2）三相变压器结构　三相变压器结构与单变压器基本相同，也由绕组（线圈）和铁芯两部分组成。三相变压器由 3 个原绕组和 3 个副绕组构成，3 个原绕组一般用 U_1U_2、V_1V_2、W_1W_2 表示，3 个副绕组一般用 u_1u_2、v_1v_2、w_1w_2 表示，如图 3-23 所示。

三相变压器的高压绕组和低压绕组电压的比值，不仅与高、低压绕组的每相匝数有关，而且与绕组的接法有关。

铁芯变压器

二、变压器的工作原理

1. 单相变压器

（1）单相变压器的电压变换原理　如图 3-24 所示，设原绕组匝数为 N_1，输入电压为 u_1，电流为 i_1，主磁电动势为 e_1，漏磁电动势为 $e_{\sigma 1}$；副绕组匝数为 N_2，电压为 u_2，电流为 i_2，主磁电动势为 e_2，漏磁电动势为 $e_{\sigma 2}$。

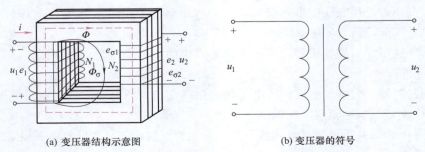

(a) 变压器结构示意图　　(b) 变压器的符号

图 3-24 单相变压器

① 单相变压器原绕组的电压方程

$$\dot{U}_1 = R_1 \dot{I}_1 + jX_{\sigma1}\dot{I}_1 - \dot{E}_1$$

忽略电阻 R_1 和漏抗 $X_{\sigma1}$ 的电压，则

$$\dot{U}_1 \approx -\dot{E}_1, U_1 \approx E_1 = 0.44fN_1\Phi_m$$

② 单相变压器副绕组的电压方程

$$\dot{U}_2 = \dot{E}_2 - R_2\dot{I}_2 - j\dot{X}_{\sigma2}\dot{I}_2$$

空载时副绕组电流 $\dot{I}_2 = 0$，电压 $\dot{U}_2 = \dot{E}_2 = 0.44fN_1\Phi_m$

$$\frac{U_1}{U_2} \approx \frac{E_1}{E_2} = \frac{N_1}{N_2} = k$$

k 称为变压器的变比。

在负载状态下，由于负绕组的电阻 R_2 和漏抗 $X_{\sigma1}$ 很小，其上的电压远小于 E_2，仍有

$$\dot{U}_2 \approx \dot{E}_2$$
$$U_2 \approx E_2 = 0.44fN_2\Phi_m$$
$$\frac{U_1}{U_2} \approx \frac{E_1}{E_2} = \frac{N_1}{N_2} = k$$

电流互感器

（2）单相变压器的电流变换原理　由 $U_1 \approx E_1 = 4.44N_1f\Phi_m$ 可知，U_1 和 f 不变时，E_1 和 Φ_m 也都基本不变。因此，有负载时产生主磁通的原、副绕组的合成磁动势 $(i_1N_1 + i_2N_2)$ 和空载时产生主磁通的原绕组的磁动势 i_0N_1 基本相等，即

$$i_1N_1 + i_2N_2 = i_0N_1 \dot{I}_1N_1 + \dot{I}_2N_2 = ,\dot{I}_0N_1$$

空载电流 i_0 很小，可忽略不计，则有

$$\dot{I}_1N_1 \approx -\dot{I}_2N_2 \text{ 或 } \frac{I_1}{I_2} \approx \frac{N_2}{N_1} = \frac{1}{k}$$

（3）单相变压器的阻抗变换原理　设接在变压器副绕组的负载阻抗 Z 的模为 $|Z|$，则

$$|Z| = \frac{U_2}{I_2}$$

Z 反映到原绕组等阻抗模 $|Z'|$ 为

$$|Z'| = \frac{U_1}{I_1} = \frac{kU_2}{\dfrac{I_2}{k}} = k^2\frac{U_2}{I_2} = k^2|Z|$$

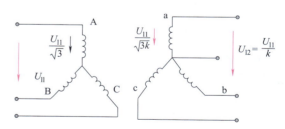

(a) Y/Y₀ 连接

2. 三相变压器

（1）三相变压器绕组接线方式　如图 3-25 所示，三相变压器绕组有两种连接方式：星形（Y）连接和三角形（△）连接。

（2）三相变压器电压变换原理

① 三相变压器绕组 Y/Y₀ 连接电压的变换原理

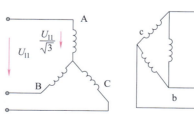

(b) Y/△连接

图 3-25　三相变压器绕组接线方式

a. 相电压
$$\frac{U_{p1}}{U_{p2}} \approx \frac{E_1}{E_2} = \frac{N_1}{N_2} = k$$

b. 线电压
$$\frac{U_{l1}}{U_{l2}} \approx \frac{E_1}{E_2} = \frac{N_1}{N_2} = k$$

② 三相变压器绕组（Y/△）连接电压的变换原理

a. 相电压
$$\frac{U_{p1}}{U_{p2}} \approx \frac{E_1}{E_2} = \frac{N_1}{N_2} = k$$

b. 线电压
$$\frac{U_{l1}}{U_{l2}} \approx \frac{E_1}{E_2} = \frac{N_1}{N_2} = \sqrt{3}\,k$$

三、变压器的外特征、损耗与额定值

1. 变压器的外特征

$$\Delta U = \frac{U_{20} - U_2}{U_{20}} \times 100\%$$

电压变化率 ΔU 反映电压 U_2 的变化程度。通常希望 U_2 的变动愈小愈好，一般变压器的电压变化率在 5%。

2. 变压器的损耗与功率

损耗：$\Delta P = \Delta P_{Cu} + \Delta P_{Fe}$

铜损：$\Delta P_{Cu} = \dot{I}_1 R_1 + \dot{I}_2 R_2$

铁损：ΔP_{Fe} 包括磁滞损耗和涡流损耗。

效率：$\eta = \frac{P_2}{P_1} = \frac{P_2}{P_2 + \Delta P}$

3. 变压器的额定值

（1）额定电压 U_N　额定电压 U_N 指变压器副绕组空载时各绕组的电压。三相变压器是指线电压。

（2）额定电流 I_N　额定电流 I_N 指允许绕组长时间连续工作的线电流。

（3）额定容量 S_N　额定容量 S_N 指在额定工作条件下变压器的视在功率。

单相变压器视在功率：$S_N = U_{2N} I_{2N} \approx U_{1N} I_{1N}$

三相变压器视在功率：$S_N = \sqrt{3} U_{2N} I_{2N} \approx \sqrt{3} U_{1N} I_{1N}$

四、点火系统

在现代汽油发动机中，气缸内的可燃混合气是采用高压电火花点燃的。为了在气缸中产生高压电火花，必须采用专门的点火装置，即点火系统。其中点火线圈是汽车点火系统中的一个组成部件，在汽车点火系统中与其他部件配合，将电源供给的 12V 或 24V 低压直流电转变为 15～20kV 的高压直流电。

1. 对点火系统的要求

点火系统应在发动机各种不同工况和使用条件下，保证可靠而准确地点燃混合气。为此，点火装置应满足以下三个基本要求。

（1）产生足以击穿火花塞间隙的高电压　汽车在行驶过程中，发动机在满载低速时，需8～10kV 的电压，启动时需要 19kV 的电压，正常点火电压一般均在 15kV 以上。为保证可靠点火，点火系统所能产生的最高电压必须总是高于火花塞的击穿电压。考虑各种不利因素的影响，通常对点火装置的设计能力为 30kV。

（2）火花塞应具有足够的能量　为使混合气可靠点燃，火花应具有一定的能量。发动机正常工作时，由于混合气压缩终了的温度已接近其自然温度，因此所需要的火花能量很小（1～5mJ）。传统点火系统能发出 15～50mJ 的火花能量，足以点燃混合气。但在发动机启动、急速以及节气门突然急剧打开时需较高的火花能量。为了保证可靠点火，一般应保证有50～80mJ 的点火能量，启动时应大于 100mJ 的火花能量。

（3）点火时应适应发动机的工况变化

① 按发动机的气缸数和设计要求，有序点火。

② 在最佳时刻点火（确定点火提前角）。不同发动机有不同的最佳点火提前角，而且同一发动机在不同工况和不同使用条件下的最佳点火提前角也不相同。影响最佳点火提前角的因素有：转速、负荷、汽油的辛烷值、混合气成分和进气压力等。为使发动机在把热能转换成机械能的过程中输出最大功率，点火系统必须适应上述因素的变化，实现在不同工况下的最佳点火。

2．点火系统的分类

点火系统按电能的来源不同，可分为蓄电池点火系统、磁电机点火系统。

（1）蓄电池点火系统　电能由蓄电池或发电机供给，利用点火线圈将蓄电池或发电机的低压电转变为高压电实现点火。由于蓄电池点火系统的结构简单、工作可靠、成本低，所以在汽车上被广泛应用。蓄电池点火系统，按点火能量的存储方式不同，可分为电感放电式和电容放电式。

① 电感放电式蓄电池点火系统　将点火能量存储在点火线圈形成的磁场中，点火系统在点火线圈的一次电路切断时产生高压点火。电感放电式蓄电池点火系统在目前汽车上，应用最广泛，它又可以分为：传统点火系统、无触点电子点火系统和微机控制点火系统。

a. 传统点火系统。俗称蓄电池点火系统，点火线圈一次电路的通断由触点（俗称"白金"）控制，而触点的开闭则由凸轮控制。传统点火系统在早期的汽车上被广泛使用，由于它存在着触点故障多、使用寿命短、点火能量低、对火花塞污染敏感和点火正时调节性差等固有的缺陷，难以适应现代汽车发动机的要求，所以应用越来越少。

b. 无触点电子点火系统。点火线圈电路的通断由大功率晶体管控制，而大功率晶体管的导通与截止则由信号发生器来控制。其点火提前角的调节装置与传统点火系统基本相同。

c. 微机控制点火系统。点火线圈电路的通断由大功率晶体管控制，而大功率晶体管的导通与截止由微机来控制，并且取消了点火提前角的机械调节装置，由微机根据各传感器信号直接调节。

其中无触点电子点火系统和微机控制点火系统，按信号发生器工作原理的不同，可分为磁感应式、霍尔式和光电式等。磁感应式和霍尔式应用最多，磁感应式结构简单、牢固，应用较早，霍尔式信号准确，性能更好，是无触点电子点火系统信号发生器的主流形式。

② 电容放电式蓄电池点火系统　将点火能量存储在储能电容器的电场中，点火系统在储能电容器与点火线圈的一次电路接通时产生高压点火。电容放电式点火系统的缺点为：持

续时间短、对无线电产生严重干扰、成本高。所以仅用于转速较高的发动机，如赛车发动机等。

（2）磁电机点火系统　电能由磁电机提供，磁电机给点火线圈提供比蓄电池或发电机端电压高得多的电压，并且点火线圈与断电器、配电器组合成一个整体。磁电机点火系统的结构复杂、低速点火性能不好，故主要应用在摩托车等小型发动机上。

五、点火变压器——点火线圈

点火线圈

点火变压器在汽车行业中常称点火线圈，点火线圈可以认为是一种特殊的脉冲变压器，主要是通过初级线圈绕组的电流作为磁场储存。当初级线圈绕组突然被切断（通过功率晶体管断开电路接地端）时，磁场衰减，使次级线圈绕组产生感应电动势，该感应电动势的电压足以使火花塞放电。点火线圈按冷却方式的不同，可分为沥青式、油浸式和气冷式；按有无附加电阻，可分为带附加电阻型和不带附加电阻型；按接线柱的多少，可分为两接柱式和三接柱式；按功能差异，可分为普通型和高能型；按其磁路的形式，可分为开磁路点火线圈和闭磁路点火线圈。

1. 传统点火线圈——开磁路点火线圈

开磁路点火线圈内部结构如图 3-26 所示，主要由铁芯、初级线圈、次级线圈、绝缘瓷座和附加电阻等组成。

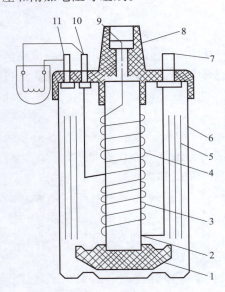

图 3-26　开磁路点火线圈结构示意图
1—绝缘座；2—铁芯；3—初级线圈；4—次级线圈；5—导磁钢管；6—外壳；7—接线柱（接断路器）；8—胶木盖；9—高压线接头；10—接线柱（接附加电阻及其短路开关）；11—接线柱（接电源、附加电阻及短路开关）

铁芯位于点火线圈的中心部分，具有良好的导磁性能，用 0.3～0.5mm 厚、相互绝缘的高磁导率硅钢片叠成，以减少涡流损耗。在铁芯外面套有绝缘的纸板套管，次级线圈就分层绕在这个套管上。为了加强绝缘和免受机械性伤害，每层高压绕组间都用电缆纸隔开，并且最外层还要多包几层或套上纸板套管。

初级线圈通过的电流较大，为便于散热，将其分层绕在次级线圈外面，绕组两端则分别连接在盖子上的低压接线柱上。在初级线圈与外壳之间夹有数层导磁钢套，用以减小磁路磁阻。次级线圈的一端连接在盖子上高压插孔中的弹簧片上，另一端与初级线圈的一端相连。

初级线圈导线较粗，直径为 0.5～1.0mm，圈数较少，一般为 240～370 匝。次级线圈的导线较细，直径为 0.06～0.10mm，圈数较多，一般为 11000～23000 匝漆包线。

点火线圈壳体外部装有附加电阻。附加电阻又称热敏电阻，附加电阻用电阻温度系数较大的低碳钢丝或镍铬丝制成，具有受热时电阻迅速增大，冷却时电阻迅速降低的特性。在发动机工作时，可利用其特点来自动调节一次电流，改善点火系统的工作特性。

采用柱形铁芯，初级绕组在铁芯中产生的磁通，通过导磁钢套构成磁回路，而铁芯的上部和下部的磁力线从空气中穿过，磁路的磁阻大，泄漏的磁通量多，转换效率低，一般只有

60%左右，这种点火线圈常称为开磁路点火线圈，现已逐渐被淘汰。

2. 闭磁路点火线圈

近年来，在汽车的电子点火系统中，采用了能量转换效率较高的闭磁路点火线圈，其铁芯为"口"或"日"字的形状，初级绕组在铁芯中产生的磁通通过铁芯形成闭合磁路，减少了漏磁损失，所以转换效率较高，可达75%。另外，闭磁路点火线圈还具有体积小、结构紧凑、质量轻、对无线电的干扰小等优点。

3. 点火线圈的型号

点火线圈的型号由五部分组成

| ① | ② | ③ | ④ | ⑤ |

①：指产品代号，其中DQ表示点火线圈，DQC表示干式点火线圈，DQD表示电子点火系统用点火线圈。

②：指电压等级。其中1表示12V，2表示24V，6表示6V。

③：指用途代号。其中1表示单、双缸发动机，2表示4、6缸发动机，3表示4、6缸发动机（带附加电阻），4表示6、8缸发动机（带附加电阻），5表示6、8缸发动机，6表示8缸以上的发动机，7表示无触点分电器，8表示高能，9表示其他（包括3、5、7缸）。

④：指设计序号。

⑤：指变形代号。

例如，东风EQ1090型汽车装用的DQ125型点火线圈，工作电压为12V，4、6缸发动机配套使用。

汽车上的电源通常是12V的低压电，而且发动机内的可燃混合气是由高压电火花点燃的，因此，为使发动机正常点火，必须产生15～20kV的高压电，以使火花塞跳火。

汽车点火线圈就是为点火系统提供高压电的装置。其结构如图3-26所示，主要由铁芯、次级线圈、初级线圈、绝缘瓷座和附加电阻等组成。铁芯位于点火线圈的中心部分，具有良好的导磁性能，由硅钢片叠成，在其外围，由里向外，依次绕有次级圈和初级线圈，以便于散热。

初级线圈用较粗的漆包线，通常用0.5～1.0mm的漆包线绕200～500匝。次级线圈用较粗的漆包线，通常用0.1mm左右的漆包线绕15000～25000匝。线圈和外壳之间有导磁钢套，以加强磁通。在点火线圈的内部空腔，充满了绝缘油，底部置有绝缘座，以加强绝缘。

根据电磁感应原理，当初级线圈通电时，围绕着初级线圈和次级线圈周围建立起电磁场并通过铁芯而加强。当开关装置使初级线圈电路断开时，初级线圈的磁场迅速衰减，次级线圈就会感应出很高的电压，由式可知，初级线圈的磁场消失速度越快，电流断开瞬间的电流越大，两个线圈的匝数比越大，则次级线圈应出来的电压越高。

工作任务 >>> **点火线圈的检测**

一、实训目的

① 熟悉传统点火系统电路。
② 掌握点火系统和点火线圈的检测方法。

二、实训条件

① 传统点火系统电路。
② 检测部件（点火线圈、附加电阻）。
③ 数字式万能表。

三、实训内容及步骤

1. 认识传统点火系统的组成和作用

图 3-26 所示为传统点火系统的组成示意图，熟悉实际电路的主要部件，并将其作用填入表 3-4 中。

表 3-4 点火线圈主要部件的作用

部件	作用
点火线圈	
蓄电池	
点火开关	
配电器	
断电器	
火花塞	
蓄电池	
点火开关	

2. 点火线圈的检测

（1）初级线圈电阻值的测量 图 3-26 所示为点火线圈结构示意图。用万用表 $R\times 1$ 挡测量初级线圈阻值，并将数据填入表 3-5 中。

表 3-5 点火系统元器件参数检测数据表

电阻 \ 车型	桑塔纳（有触点）
初级线圈电阻/Ω	
次级线圈电阻/kΩ	
附加电阻/Ω	

若万用表指示阻值无穷大，则说明初级线圈绕组断路；若阻值小于标准值，则说明匝间有短路。绕组的断路、短路都会引起点火系统不能正常工作。

各车型的点火线圈初、次级线圈电阻的参数如表 3-6 所示。

表 3-6 点火线圈电阻参数表

电阻 \ 车型	桑塔纳（有触点）
初级线圈电阻/Ω	1.7~2.1
次级线圈电阻/Ω	7~12
附加电阻/Ω	1.2~1.8

（2）次级线圈电阻值的测量 用万用表 $R\times 1\mathrm{k}\Omega$ 挡测量，并将数据填入表 3-5 中。

若万用表指示阻值无穷大，则说明次级线圈断路；若阻值小于标准值或为 0 时，则说明匝间有短路。

（3）点火线圈绝缘电阻的测量 用数字式万用表 20MΩ 挡测量，点火线圈任一端与外壳间的电阻均应为无穷大，否则存在漏电故障，应及时更换。

3. 附加电阻值的检查

用万用表 $R×1Ω$ 挡测得附加电阻，并将数据填入表3-5。

四、分析讨论

传统点火系统是怎样产生高压的？

小　结

1. 磁感应强度 B：是用来描述磁场内某点磁场强弱和方向的物理量，是一个矢量。

2. 磁通：磁感应强度 B（如果不是均匀磁场，则取 B 的平均值）与垂直于磁场方向的面积 S 的乘积称为该面积的磁通。

3. 磁场强度 H：磁场内某点的磁场强度的大小等于该点磁感应强度除以该点的磁导率，H 的单位是安/米（A/m），H 与物质的磁导率无关，而只与电流产生的磁场有关，磁场强度的大小取决于电流的大小、载流导体的形状及几何位置，而与磁介质无关。

4. 磁性材料的磁性能：高导磁性、磁饱和性、磁滞性。

5. 按磁化特性的不同，铁磁性材料可以分为三种类型：软磁材料、硬磁材料和矩磁材料。

6. 磁路的欧姆定律：$\Phi = E_m/R_m$。式中，R_m 为磁路的磁阻，是表示磁路对磁通具有阻碍作用的物理量，与电路的欧姆定律在形式上相似，所以称为磁路的欧姆定律。它是磁路进行分析与计算所要遵循的基本定律。

7. 直流铁芯线圈特点：①励磁电流是由励磁线圈的外加电压 U 和线圈电阻 R 决定的，电流是恒定的，无感应电动势产生；②无磁滞和涡流损耗，铁芯可以使用整块的铸铜、软铁；③吸合后电磁力比吸合前大得多，但励磁电流不变。

8. 交流电磁铁的特点：铁芯中的磁通是交变的，交流电磁的瞬时吸力是交变的，存在过零值，会出现吸合不牢的现象，铁芯需加分磁环；励磁电流吸合前大，吸合后减小，前后吸力不变；铁芯和衔铁均由硅钢叠成，可减小铁损。

9. 变压器是将一种电压的电能转换成另一种电压的电能的静止电气设备。主要用来改变电压的大小，以满足电能的传输、分配以及国民经济各部门的需要，变压器的工作是建立在电磁感应原理基础之上的。变压器的主要部件是铁芯和绕组，要掌握变压器的几个额定值的物理意义，并注意额定容量与原、副边额定电压和额定电流之间的关系。了解常用和特殊变压器的特点和应用。

10. 汽油发动机点火系统的功能是在发动机各种工况和使用条件下，在气缸内适时、准确、可靠地产生电火花，以点燃混合气，使发动机做功。

11. 点火线圈在汽车发动机点火系统中，是为点燃发动机气缸内空气和燃油混合物提供点火能量的执行部件，可以认为是一种特殊的脉冲变压器，它基于电磁感应的原理，通过接通和关断点火线圈的初级回路，使初级回路中的电流增加，然后突然减小，这样在次级就会感应产生点燃火花塞所需的高压电器。

习　题

一、填空题

1. 通常把磁通经过的路径称为_____。

2. 描述磁场的4个物理量分别为_____、_____、_____和_____。

3. 变压器的铁芯，按其结构形式分为_____和_____两种。为了减少_____，变压器的铁芯一般采用 0.35～0.5mm 厚的_____叠装而成。

4. 有铁芯的线圈加入交流电时，绕组中电流的热效应引起的损耗称为_____损耗；交变磁场在铁芯中所引起的_____损耗和_____损耗合称为_____损耗。

5. 变压器的主体结构是由_____和_____两大部分构成。变压器是既能_____变换、又能_____变换、还能_____变换的电气设备。

6. 自然界的物质根据导磁性能的不同一般可分为_____物质和_____物质两大类。其中_____物质内无磁畴结构。而_____物质的相对磁导率远远大于1。

7. 铁磁性材料具有_____性、_____性和_____性。

8. 直流铁芯线圈的磁动势以及产生的磁通是恒定不变的，因此励磁电流_____。

9. 交流接触器、继电器在额定电压下不允许长期在有气隙的状态下工作是因为此时线圈电流比线圈的额定电流_____，_____将被烧毁。

10. 变压器原、副边线圈匝数比称为_____，当其_____1时，该变压器为_____变压器，反之，当其_____1时，该变压器为_____变压器。

11. 一台变压器的变压比1∶15，当它的一次侧绕组接到220V的交流电源上时，二次侧绕组输出的电压是_____。

12. 变压器有载运行时，副边电流的大小由_____的大小决定。原边电流的大小又取决于_____，因此变压器原边的电流的大小取决于负载的需要，当负载需要的功率增大时，即 I_2U_2 增大时，I_1U_1 将_____。

13. 发电厂向外输送电能时，应通过_____变压器将发电机的出口电压进行变换后输送；变电所向用户分配电能时，需通过_____变压器将输送的_____变换后供应给用户。

14. 汽车上的继电器是一种_____的电磁开关。

二、判断题

1. 变压器的损耗越大，其效率就越低。（　　）
2. 磁导率是衡量物质导磁能力的物理量。（　　）
3. 空气隙的磁阻远远大于同样长度、同样截面的铁磁性材料的磁阻。（　　）
4. 一段材料的磁阻与它的磁导率成正比。（　　）
5. 防磁手表的外壳是用铁磁性材料制作的。（　　）
6. 对于一台已经制造好的变压器，其同名端是客观存在的，与测试方法无关。但在确定同名端以后，其连接组别却随人为标定而定。（　　）
7. 变压器只能对交流电进行交换，不能对直流电进行交换。（　　）
8. 在直流稳态电路中，变压器用改变直流电的电压等级来传递直流电能。（　　）
9. 变压器可以实现直流电的变电压、变电流和变阻抗。（　　）
10. 变压器在额定运行时效率最高。（　　）
11. 电机、电器的铁芯通常都是用软磁材料制作的。（　　）
12. 汽车上的点火线圈属于直流铁芯线圈的范畴。（　　）
13. 磁场强度 H 的大小不仅与励磁电流有关，还与介质的磁导率有关。（　　）
14. 铁芯线圈接到交流电源上的是交流铁芯线圈。（　　）
15. 电流互感器实际工作情况相当于空载运行的升压变压器。（　　）

16. 传统点火系统中与断电器并联的电容器，在断电器触点断开时可以减少触点火花，提高点火线圈的高电压。   （   ）

三、选择题

1. 变压器的基本工作原理是（   ）。
   A. 电磁感应   B. 电流的磁效应   C. 能量平衡   D. 电流的热效应
2. 变压器若带感性负载，从轻载到满载，其输出电压将会（   ）。
   A. 升高   B. 降低   C. 不变   D. 无法判定
3. 变压器从空载到满载，铁芯中的工作主磁通将（   ）。
   A. 增大   B. 减小   C. 基本不变   D. 无法判定
4. 变压器运行时，在电源电压一定的情况下，当负载阻抗增加时，主磁通如何变化。（   ）
   A. 增加   B. 基本不变   C. 减小
5. 有一台 220V/110V 的变压器，在使用时不慎将高压侧与低压侧互相接错。当低压侧接上 220V 电源后，将发生什么现象。（   ）
   A. 高压侧有 220V 的电压输出
   B. 高压侧没有电压输出，绕组严重过热
   C. 高压侧有高压输出，绕组严重过热
   D. 高压侧有高压输出，绕组无过热现象
6. 一负载电阻为 R_L，经过变压器接到内阻 $R_0 = 600\Omega$ 的电源上，变压器一次侧、二次侧绕组的额定电流为 2A/20A，若使从变压器一次侧绕组看进去的等效负载电阻 $R'_L = R_0$ 时，则 R_L 等于（   ）。
   A. 0.8Ω   B. 8Ω   C. 80Ω   D. 800Ω
7. 直流铁芯线圈通入直流电时，以下说法正确的是（   ）。
   A. 只有铜损   B. 只有铁损   C. 既有铁损也有铜损   D. 无法判定
8. 交流铁芯线圈通入直流电时，以下说法正确的是（   ）。
   A. 只有铜损   B. 只有铁损   C. 既有铁损也有铜损   D. 无法判定
9. 若电源电压高于额定电压，则变压器空载电流和铁损比原来的数值将（   ）。
   A. 减小   B. 增大   C. 不变   D. 无法判定

四、计算分析题

1. 交流电磁铁在吸合时，若衔铁长时间被卡住不能吸合，会有什么影响？直流电磁铁发生上述情况时，又会如何？
2. 一台单相变压器，接在 $U_1 = 20$kV 的交流电源上，空载运载时它的副边电压 $U_2 = 400$V。则变比 K 是多少？若已知 $N_2 = 30$ 匝，求 N_1 是多少？
3. 有一变压器，$U_1 = 360$V，$U_2 = 36$V，如果接入一个 36V、72W 的灯泡，求原、副边电流各是多少？相当于在原边接上一个多大的电阻？
4. 有一单相照明变压器，容量为 10kV·A，电压为 3300V/220V，今欲在二次侧绕组接上 40W、220V 的白炽灯，如果要变压器在额定情况下运行，这种白炽灯可接多少个？并求一二次侧绕组的额定电流。
5. 已知输出变压器的变比 $K = 10$，副边所接负载电阻为 8Ω，原边信号源电压为 10V，内阻 $R_0 = 200\Omega$，求负载上获得的功率。

项目四 汽车发电机与电动机的认识

 知识目标

1. 熟悉汽车交流发电机与直流电动机、步进电动机、雨刮器电动机的基本机构；
2. 掌握汽车交流发电机与直流电动机、步进电动机、雨刮器电动机的工作原理；
3. 了解各类电机的分类和运行特性。

任务一　汽车交流发电机的认识

 问题导入

发电机是汽车的主要电源，它是如何工作？它输出的是直流电还是交流电呢？

 知识分析

一、汽车交流发电机分类、结构

汽车电源系统主要由蓄电池、发电机、电压调节器等组成。交流发电机的作用是在发动机正常运转时，向用电设备（启动机除外）供电，同时对蓄电池充电。图 4-1 所示为汽车电源系统电路结构图。

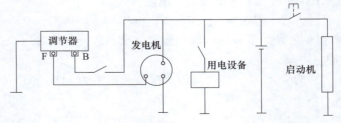

图 4-1　汽车电源系统电路结构图

汽车用发电机可分为直流发电机和交流发电机,由于交流发电机的性能在许多方面优于直流发电机,所以目前直流发电机已经被淘汰,汽车都采用三相交流发电机,内部带有二极管整流电路,输出的是直流电。

1. 交流发电机的分类

(1) 按照总体结构分

① 普通交流发电机(使用时需要配装电压调节器的发电机)。
② 整体式交流发电机(发电机和调节器制成一个整体的发电机)。
③ 带泵交流发电机(和汽车制动系统用真空助力泵安装在一起的发电机)。
④ 无刷交流发电机(不需要电刷的发电机)。
⑤ 永磁交流发电机(磁极为永磁铁制成的发电机)。

(2) 按照整流器的结构分

① 六管交流发电机。
② 八管交流发电机。
③ 九管交流发电机。
④ 十一管交流发电机。

(3) 按磁场绕组搭铁形式分两类

① 内搭铁型交流发电机,磁场绕组的一端(负极)直接搭铁(和壳体相连)。
② 外搭铁型交流发电机,磁场绕组的一端(负极)接入调节器,通过调节器后再搭铁。

2. 交流发电机的型号

图 4-2 是汽车交流发电机的型号。

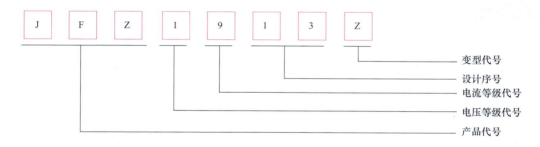

图 4-2　汽车交流发电机型号

(1) 产品代号用中文字母表示:

JF——普通交流发电机。
JFZ——整体式(调节器内置)交流发电机。
JFB——带泵的交流发电机。
JFW——无刷交流发电机。

(2) 电压等级代号用一位阿拉伯数字表示:

1 表示 12V 系统。
2 表示 24V 系统。
6 表示 6V 系统。

(3) 电流等级代号:用一位阿拉伯数字表示,其含义见表 4-1。

表 4-1　电流等级代号

电流等级代号	1	2	3	4	5	6	7	8	9
电流/A	≤19	20~29	30~39	40~49	50~59	60~69	70~79	80~89	≥90

（4）设计序号：按产品的先后顺序，用阿拉伯数字表示。

（5）变型代号：交流发电机是以调整臂的位置作为变型代号。从驱动端看，Y——右边；Z——左边；无——中间。

3. 交流发电机的结构

交流发电机是由定子、转子、整流器、电刷、前后端盖、电风扇及带轮等组成。转子用来建立磁场，定子中产生的交变电动势，经过二极管整流器整流后输出直流电。转子由转子轴、励磁绕组、两块爪形磁极、滑环等组成。它的作用是当通过电刷给励磁绕组供电时，励磁绕组产生磁场。

国产发电机大多采用 6 对磁极，爪极凸缘的外形像鸟嘴，这种形状可以使定子感应的交流电动势近似于正弦波形。滑环由两个彼此绝缘的铜环组成，压装在转子轴上并与轴绝缘，两个滑环分别与励磁绕组的两端相连。

当两集电环通入直流电时（通过电刷），磁场绕组中就有电流通过，并产生轴向磁通，使爪极一块被磁化为 N 极，另一块被磁化为 S 极，从而形成 6 对相互交错的磁极。当转子转动时，就形成了旋转的磁场。

二、车用交流发电机的工作原理

1. 电磁感应及交流发电机原理

交流发电机是利用电磁感应原理产生电流的。交流发电机的工作原理如图 4-3 所示。

① 在发电机内部有一个由发动机带动的转子（旋转磁场）。

② 磁场外有一个定子绕组，绕组有 3 组线圈（3 组绕组），3 相绕组彼此相隔 120°。

③ 当转子旋转时，旋转的磁场使固定的电枢绕组切割磁力线（或者说使电枢绕组中通过的磁通量发生变化）而产生电动势。

发电机产生的电动势可由以下三个表达式表示：

汽车交流发电机的认识

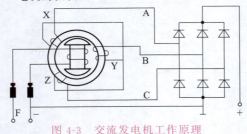

图 4-3　交流发电机工作原理

$$e_U = E_m \sin\omega t = \sqrt{2} E_\phi \sin\omega t \tag{4-1}$$

$$e_V = E_m \sin\left(\omega t - \frac{2}{3}\pi\right) = \sqrt{2} E_\phi \sin\left(\omega t - \frac{2}{3}\pi\right) \tag{4-2}$$

$$e_W = E_m \sin\left(\omega t - \frac{4}{3}\pi\right) = \sqrt{2} E_\phi \sin\left(\omega t - \frac{4}{3}\pi\right) \tag{4-3}$$

式中　E_m——每相电动势的最大值；

　　　E_ϕ——每相电动势的最效值；

　　　ω——角速度。

发动机每相绕组所产生的电动势的有效值为

$$E_\phi = 4.44 K f N \phi \tag{4-4}$$

式中　K——定子绕组系数，一般小于 1；

　　　f——感应电动势的频率（Hz），$f = Pn/60$（P 为磁极对数；n 为转速，r/min）；

　　　N——每相绕组的匝数；

　　　ϕ——磁极的磁通，Wb。

上式表明，使用中的交流发电机，其交变电动势的有效值取决于转速和转子的磁通量，这一性质将直接决定交流发电机的输出电压值。

2. 整流原理

（1）六管交流发电机整流原理　六管交流发电机的整流装置实际是一个由六只硅整流二极管组成的三相桥式整流电路，如图 4-4 所示。3 个二极管 VD_1、VD_3、VD_5 组成共阴极组接法，3 个二极管 VD_4、VD_6、VD_2 组成共阳极组接法。管子导通的原则是：在某一时刻，采用共阳极接法的二极管中，阳极电位最高者导通；采用共阴极接法的二极管中，阴极电位最低者导通。

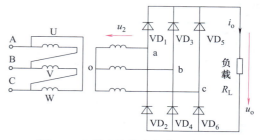

图 4-4　六管交流发电机的整流电路

当 $t=0$ 时，W 相电位最高，而 V 相电位最低，所对应的二极管 VD_5、VD_4 处于正向导通。电流从绕组 W 出发，经 $VD_5 \rightarrow$ 负载 $R_L \rightarrow VD_4 \rightarrow$ 绕组 V 构成回路。由于二极管的内阻很小，所以此时发电机的输出电压可视为 V、W 绕组之前的线电压。

当 $t_1 \sim t_2$ 时间内，U 相电位最高，而 V 相电位最低，所对应的二极管 VD_1、VD_4 处于正向导通。同理，交流发动机的输出电压可视为 U、V 绕组之间的线电压。

当 $t_2 \sim t_3$ 时间内，U 相电位最高，而 W 相电位最低，所对应的二极管 VD_1、VD_6 处于正向导通。同理，交流发动机的输出电压可视为 U、W 绕组之间的线电压。

以此类推，周而复始，在负载上便可获得一个比较平稳的直流脉动电压。交流发电机输出电压的平均值为

$$U = 2.34 U_\phi \tag{4-5}$$

式中　U——输出直流电压平均值，V；

　　　U_ϕ——发电机相电压有效值，V。

（2）九管交流发电机整流原理　九管交流发电机的充电系统增加了三个功率较小的二极管，专门用来供给磁场电流，又称为磁场二极管，采用磁场二极管后，利用充电指示灯即可指示发电机工作情况的好坏。发电机工作时，充电指示灯是由蓄电池端电压与磁场二极管输出端 L 的电压 U_L 的差值所控制。

（3）八管交流发电机整流原理　八管交流发电机的整流电路有两个中性点二极管，其接线柱的记号为"N"。中性点对发电机外壳（即搭铁）之间的电压 U_N 是通过 3 个二极管三相半波整流得到的直流电压，所以 $U_N = (1/2) U$。中性电压一般用来控制各种继电器，如磁场继电器、充电指示灯继电器等。实验表明，加装中性点二极管后，在发电机转速超过 2000r/min 时，其输出功率可提高 11%～15%。

任务二 汽车直流电动机的认识

问题导入

当你开启汽车空调,驱走炎热,感受清风的轻抚时,你有没有想过,是什么支撑它的运行呢?

知识分析

直流电机是通以直流电流的旋转电机,是电能和机械能相互转换的设备。将机械能转换为电能的是直流发电机,将电能转换为机械能的是直流电动机。

直流电动机具有良好的启动和调速性能,具有:调速范围广,易于平滑调速;启动、制动和过载转矩大;可靠性高的优点。缺点是:制造工艺复杂,消耗有色金属较多,生产成本高;运行时由于电刷与换向器之间容易产生火花,因而可靠性较差,维护比较困难。

一、汽车直流电动机的基本结构

直流电机的结构由定子和转子两大部分组成。直流电机运行时静止不动的部分称为定子,定子的主要作用是产生磁场和作电机的机械支撑,由机座、主磁极、换向极、端盖、轴承和电刷装置等组成。运行时转动的部分称为转子,其主要作用是产生电磁转矩和感应电动势,是直流电机进行能量转换的枢纽,所以通常又称为电枢,由转轴、电枢铁芯、电枢绕组、换向器和风扇等组成。装配后的电机如图4-5所示。

1. 定子

(1) 主磁极 主磁极的作用是产生气隙磁场。主磁极由主磁极铁芯和励磁绕组两部分组成。铁芯一般用0.5~1.5mm厚的硅钢板冲片叠压铆紧而成,分为极身和极靴两部分,上面套励磁绕组的部分称为极身,下面扩宽的部分称为极靴,极靴宽于极身,既可以调整气隙中磁场的分布,又便于固定励磁绕组。励磁绕组用绝缘铜线绕制而成,套在主磁极铁芯上。整个主磁极用螺钉固定在机座上,如图4-6所示。

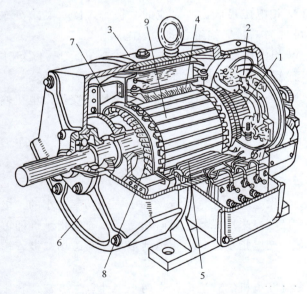

图4-5 直流电动机结构

1—换向器;2—电刷装置;3—机座;4—主磁极;
5—换向极;6—端盖;7—风扇;8—电枢绕组;
9—电枢铁芯

(2) 换向极　换向极的作用是改善换向，减小电机运行时电刷与换向器之间可能产生的换向火花，一般装在两个相邻主磁极之间，由换向极铁芯和换向极绕组组成，如4-7所示。换向极绕组用绝缘导线绕制而成，套在换向极铁芯上，换向极的数目与主磁极相等。

(3) 机座　电机定子的外壳称为机座。机座的作用有两个：一是用来固定主磁极、换向极和端盖，并起整个电机的支撑和固定作用；二是机座本身也是磁路的一部分，借以构成磁极之间磁的通路，磁通通过的部分称为磁轭。为保证机座具有足够的机械强度和良好的导磁性能，一般为铸钢件或由钢板焊接而成。

(4) 电刷装置　电刷装置是用来引入或引出直流电压和直流电流的，如图4-8所示。电刷装置由电刷、刷握、刷杆和刷杆座等组成。电刷放在刷握内，用弹簧压紧，使电刷与换向器之间有良好的滑动接触，刷握固定在刷杆上，刷杆装在圆环形的刷杆座上，相互之间必须绝缘。刷杆座装在端盖或轴承内盖上，圆周位置可以调整，调好以后加以固定。

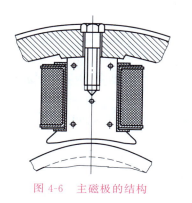

图4-6　主磁极的结构

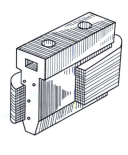

图4-7　换向极

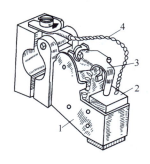

图4-8　电刷装置
1—刷握；2—电刷；
3—压紧弹簧；4—刷辫

2. 转子（电枢）

(1) 电枢铁芯　电枢铁芯是主磁路的主要部分，同时用以嵌放电枢绕组。一般电枢铁芯采用由0.5mm厚的硅钢片冲制而成的冲片叠压而成［冲片的形状如图4-9（a）所示］，以降低电机运行时电枢铁芯中产生的涡流损耗和磁滞损耗。叠成的铁芯固定在转轴或转子支架上。铁芯的外圆开有电枢槽，槽内嵌放电枢绕组。

(2) 电枢绕组　电枢绕组的作用是产生电磁转矩和感应电动势，是直流电机进行能量变换的关键部件，所以叫电枢。它是由许多线圈（以下称元件）按一定规律连接而成，线圈采用高强度漆包线或玻璃丝包扁铜线绕成，不同线圈的线圈边分上下两层嵌放在电枢槽中，线圈与铁芯之间以及上、下两层线圈边之间都必须妥善绝缘。为防止离心力将线圈边甩出槽外，槽口用槽楔固定，如图4-9（b）所示。

(3) 换向器　在直流电动机中，换向器配以电刷，能将外加直流电源转换为电枢线圈中的交变电流，使电磁转矩的方向恒定不变；在直流发电机中，换向器配以电刷，能将电枢线圈中感应产生的交变电动势转换为正、负电刷上引出的直流电动势。换向器是由许多换向片组成的圆柱体，换向片之间用云母片绝缘，换向片的下部做成鸽尾形，两端用钢制V形套筒和V形云母环固定，再用螺母锁紧。

(4) 轴　转轴起转子旋转的支撑作用，需有一定的机械强度和刚度，一般用圆钢加工

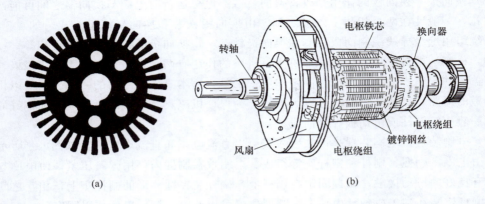

图 4-9 转子结构

而成。

二、直流电动机

直流电动机工作的理论基础是通电导体在周围产生磁场和通电导体在磁场中受力。

图 4-10 是一台直流电动机的最简单模型。N 和 S 是一对固定的磁极,可以是电磁铁,也可以是永久磁铁。磁极之间有一个可以转动的铁质圆柱体,称为电枢铁芯。铁芯表面固定一个用绝缘导体构成的电枢线圈 abcd,线圈的两端分别接到相互绝缘的两个半圆形铜片(换向片)上,它们组合在一起称为换向器,在每个半圆形铜片上又分别放置一个固定不动而与之滑动接触的电刷 A 和 B,线圈 abcd 通过换向器和电刷接通外电路。

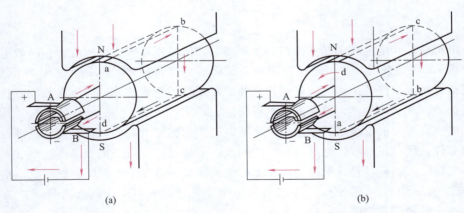

图 4-10 直流电动机工作原理示意图

将外部直流电源加于电刷 A(正极)和 B(负极)上,则线圈 abcd 中流过电流,在导体 ab 中,电流由 a 指向 b,在导体 cd 中,电流由 c 指向 d。导体 ab 和 cd 分别处于 N、S 极磁场中,受到电磁力的作用。用左手定则可知导体 ab 和 cd 均受到电磁力的作用,且形成的转矩方向一致,这个转矩称为电磁转矩,为逆时针方向。这样,电枢就顺着逆时针方向旋转,如图 4-10(a)所示。当电枢旋转 180°,导体 cd 转到 N 极下,ab 转到 S 极下,如

图 4-10（b）所示，由于电流仍从电刷 A 流入，使 cd 中的电流变为由 d 流向 c，而 ab 中的电流由 b 流向 a，从电刷 B 流出，用左手定则判别可知，电磁转矩的方向仍是逆时针方向。

由此可见，加于直流电动机的直流电源，借助于换向器和电刷的作用，使直流电动机电枢线圈中流过的电流，方向是交变的，从而使电枢产生的电磁转矩的方向恒定不变，确保直流电动机朝确定的方向连续旋转。这就是直流电动机的基本工作原理。

实际的直流电动机，电枢圆周上均匀地嵌放许多线圈，相应地换向器由许多换向片组成，使电枢线圈所产生的总的电磁转矩足够大并且比较均匀，电动机的转速也就比较均匀。

三、直流电动机的铭牌数据

1. 铭牌数据

铭牌上标注额定值，是电机运行的基本依据。型号如下。

例：Z3-95

Z——一般用途直流电机。

3——第三次改型设计。

9——机座离地高度（cm）。

5——铁芯长度（cm）顺序号。

2. 直流电动机的额定值

（1）额定电压 U_N（V） 额定状况下，电机的（电枢两端即换向器引出的正负极两端）输出电压。

（2）额定电流 I_N（A） （电枢两端即换向器引出的正负极两端）长期工作时的最大正常工作电流。

（3）额定功率 P_N（kW） 电机在额定运行时的输出功率。

$$P_N(kW) = U_N(V) \times I_N(A) \times \eta_N$$

（4）额定转速 n_N（r/min） 额定状况下的转子旋转速度。

（5）额定效率 η_N

$$\eta_N = \frac{P_{2N}}{P_{1N}} \times 100\% \tag{4-6}$$

任务三　汽车步进电动机的认识

问题导入 ▶▶

步进电机与其他电机的区别是什么？它有什么特点呢？

知识分析 ▶▶

步进电动机是一种将电脉冲信号转换为线位移或角位移的执行元器件，它是利用电磁感应原理来工作的。每来一个电脉冲，电动机转动一个角度，带动机械移动一小段距离。

一、步进电动机的结构

步进电动机根据励磁式方式的不同分为反应式、永磁式和混合式（又称为感应子式）三种，其中反应式步进电动机的应用较多。步进电动机主要由两部分构成：定子和转子，它们均由磁性材料构成。定子内圆周均分布着六个磁极，磁极上有励磁绕组，每两个相对的绕组组成一相。转子若为永久磁极，是永磁式；若为硅钢片叠式，是反应式转子。图 4-11 为反应式步进电动机的结构。

步进电动机
工作原理

二、步进电动机的工作原理

步进电动机工作时，定子各相绕组要轮流输入脉冲电压通电，从一次通电到另一次通电称为一拍，每一拍转子转过的角度称为步距角，步距角的大小与通电方式有关。下面介绍三相单三拍和三相双三拍两种方式。

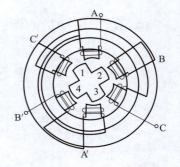

图 4-11 反应式步进电动机结构图

（1）三相单三拍

设 A 相首先通电（B、C 两相不通电），产生 A-A′ 轴线方向的磁通，并通过转子形成闭合回路。这时 A、A′ 极就称为电磁铁的 N、S 极。在磁场的作用下，转子总是力图转到磁阻最小的位置，也就是要转到与转子的 1、3 齿对齐的 A、A′ 位置，如图 4-12（a）所示。接着 B 相通电（A、C 两相不通电），转子便转过 30°，转子 2、4 齿和 B 相轴线对齐，如 4-32（b）所示。最后，C 相通电，转子 1、3 齿和 C 相轴线对齐，与 B 相通电比较，转子再次转动 30°，见图 4-12（c）。

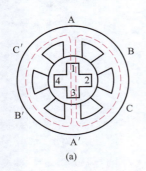
(a)

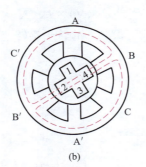
(b)

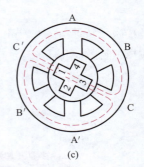
(c)

图 4-12 三相单三拍反应式步进电动机工作原理

这种工作方式，因三相绕组中每次只有一相通电，而且一个循环周期共包括三个脉冲，所以称为三相单三拍。

三相单三拍的特点如下。

① 每来一个电脉冲，转子转过 30°，此角称为步距角。

② 转子的旋转方向取决于三相线圈通电的顺序，改变通电顺序即可改变转向。

A→B→C→A　　顺时针方向旋转

A→C→B→A　　逆时针方向旋转

(2) 三相双三拍

三相绕组通电的顺序是：AB→BC→CA→AB……，每个循环有三种通电状态，故也称为三拍。改变三相绕组通电顺序 AC→CB→BA，步进电动机反向旋转。工作方式为三相双三拍时，每通入一个电脉冲，转子也是转 30°。三相双三拍比三相单三拍稳定，较常采用。三相双三拍步进电动机工作原理如图 4-13 所示。

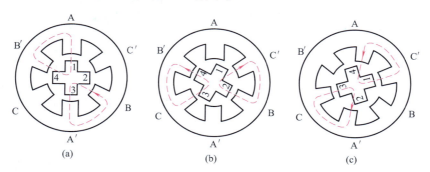

图 4-13 三相双三拍步进电动机工作原理

任务四 雨刮器电动机

雨刮器的作用是清除风窗玻璃上的雨水、雪或尘土，以确保驾驶员良好的能见度。雨刮器的变速是利用直流电动机变速原理来实现的，由直流电动机电压平衡方程式可得转速公式为

$$n = (U - IR)/KZ\phi \tag{4-7}$$

式中　U——电动机端电压；
　　　I——通过电枢绕组中的电流；
　　　R——电枢绕组的电阻；
　　　K——常数；
　　　Z——正、负电刷间串联的导体数；
　　　ϕ——磁极磁通。

在电压 U 和直流电动机定型的情况下，两电刷之间的电枢绕组数 Z 增多时，转速 n 会下降，反之则上升。当磁极磁通 ϕ 增大时，转速 n 下降，反之则转速上升。所以，雨刮器变速是在直流电动机变速的理论基础上，采取改变电动机磁极磁通的强弱，或者改变两电刷之间的导体数（绕组数）来实现的。下面介绍通过改变电刷间导体数的方式实现变速原理。

永磁式雨刮器电动机的工作原理如图 4-14 所示，改变电刷间导体数变速的方法只能通过永磁电动机（三刷永磁式直流电动机）来实现，它的磁极为铁氧体永久磁体，具有不易退磁的优点。能够实现高、低转速，B_1 为低速运转电刷，B_2 为高速运转电刷，B_3 为公共电刷。B_1、B_2 安装位置相差 60°。

如图 4-14 (b) 所示，当开关拨向"L"时，电源电压 U 加在 B_1 和 B_3 之间，由于①、⑥、⑤和②、③、④组成两条并联支路，支路中串联的线圈（导体）均为有效线圈，串联线

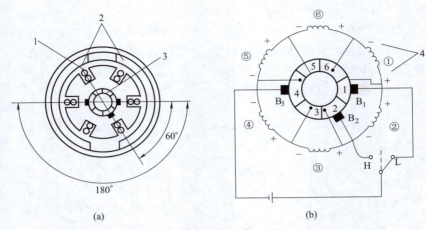

图 4-14 永磁式雨刮器电动机的工作原理

圈（导体）数相对较多（每条支路串联 3 组绕组），故反电动势较大，电动机以较低转速运转。

当开关拨向"H"时，电源电压 U 加在 B_2 和 B_3 之间，由于线圈①和线圈②产生方向相反的电动势，互相抵消，故组成两条并联支路中串联线圈（导体）数相对较少（每条支路串连 2 组绕组），故反电动势较小，电动机以较高转速运转。

小　结

1. 交流发电机的主要部件有：转子，电刷，定子，整流器，外壳，冷却风扇。
2. 直流电动机的结构主要由电枢铁芯、电枢绕组、换向器转轴和风扇等部件组成。
3. 步进电动机可以将电脉冲信号转换为线位移或角位移，其步距角和转速不受电压波动、负载变化、温度变化等因素的影响。
4. 雨刮器的变速是利用直流电动机变速原理来实现的。

习　题

1. 汽车交流发电机主要由哪几部分组成？其中，各部分的作用是什么？
2. 直流电动机的组成及各部分的作用是什么？
3. 请简述三相单三拍步进电动机的工作原理。
4. 请简述雨刮器电动机的工作原理。

项目五 汽车单片机控制电路的认识

> **知识目标** »

1. 了解单片机的基本概念;
2. 掌握汽车单片机控制电路的工作原理;
3. 学会汽车单片机控制电路的功能及使用。

任务一 单片机的基本概念

单片机又称单片微控制器,它不是完成某一个逻辑功能的芯片,而是把一个计算机系统集成到一个芯片上,相当于一个微型的计算机。和计算机相比,单片机只缺少了 I/O 设备。概括地讲:一块芯片就成了一台计算机。它的体积小、质量轻、价格便宜,为学习、应用和开发提供了便利条件。

> **问题导入** »

什么是单片机?单片机有哪些技术发展的特点?常用单片机的种类和型号有哪些?MCS-51 系列单片机有哪些?

> **知识分析** »

一、单片机的概念

1. 单片机定义

单片机是一种集成电路芯片,是采用超大规模集成电路技术把具有数据处理能力的中央处理器 CPU、随机存储器 RAM、只读存储器 ROM、多种 I/O 口和中断系统、定时器/计数器等功能电路(可能还包括显示驱动电路,脉宽调制电路,模拟多路转换器、A/D 转换器等电路)集成到一块芯片上构成的一个小而完善的计算机系统。

单片机的概念

单片机已具有了计算机系统的基本属性，所以可以称为单片微型计算机，简称单片机（Single Chip Micro Computer，SCMC）。单片机的内部结构框图如图 5-1 所示。

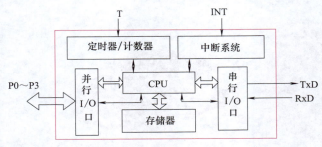

图 5-1　单片机的内部结构框图

（1）通用型单片机和专用型单片机　通用型是一种基本芯片，如市场上常见的 MCS-51、ATMEL、PHILIPS、AVR、PIC、WINBOND 等系列的单片机产品，它们的资源比较丰富，性能全面，适用性强，在生产、科研等得到广泛应用，本课程所介绍的单片机是通用型单片机。

专用型单片机也叫专用微处理器，是专门针对某个特定产品而设计的，各方面均经过最优化的考虑，具有十分明显的综合优势。例如数码相机、手机、洗衣机功能控制器、空调控制器、IC 卡读写器中所应用的单片机等。

（2）单片机的硬件系统与软件系统　以单片机芯片为核心组建的一个能完成特定应用功能的硬件组合实体，称为单片机的硬件系统。

软件是指用来完成一定任务的所有程序及数据，即为运行、管理和维护计算机所编制的程序的总和。

软件系统简单，不需要复杂的操作系统进行系统管理，只有简单的管理程序（监控程序）和完成具体任务的应用程序。简单的应用系统，只有为实现控制目的的应用程序。

单片机应用系统编程方式：汇编语言和高级语言。

2. 单片机的技术特点

① 单片机的存储器 ROM 和 RAM 是严格区分的：ROM 称为程序存储器，只存放程序、固定常数及数据表格；RAM 则为数据存储器，用作工作区及存放用户数据。

② 采用面向控制的指令系统。为满足控制的需要，单片机有更强的逻辑控制能力，特别是具有很强的位处理能力。

③ 单片机的 I/O 引脚通常是多功能的。由于单片机芯片上引脚数目有限，为了解决实际引脚数和需要的信号线的矛盾，采用了引脚功能复用的方法。引脚处于何种功能，可由指令来设置或由机器状态来区分。

④ 单片机的外部扩展能力强。在内部的各种功能部分不能满足应用需求时，均可在外部进行扩展（如扩展 ROM、RAM，I/O 接口，定时器/计数器，中断系统等），与许多通用的微机接口芯片兼容，给应用系统设计带来极大的方便和灵活性。

⑤ 体积小，成本低，运用灵活。易于产品化，它能方便地组成各种智能化的控制设备和仪器，做到机电一体化。

⑥ 面向控制。能针对性地解决从简单到复杂的各类控制任务，因而能获得最佳的性能

价格比。

⑦ 适应性强、抗干扰。在各种恶劣的环境下都能可靠地工作，这是其他类型计算机无法比拟的。

⑧ 方便实现多机和分布式控制。使整个控制系统的效率和可靠性大为提高。

二、单片机的发展与种类型号

1. 单片机的发展历程

单片机诞生至今已有30多年的历史，通常按数据总线的位数将其分为4位机、8位机、16位机和32位机。

1976年INTEL公司推出了MCS-48单片机，起到8位机的引领和带头作用。

1982年以后，16位单片机问世，代表产品是INTEL公司的MCS-96系列。

20世纪90年代以来，世界各大半导体公司相继研制出功能更为强大的各种型号的单片机，单片机向着功能强、功耗低、体积小和适应多种需要的封装形式方向突飞猛进的发展，这些具有许多新特点的单片机，可称之为第三代单片机。

现在单片机的品种繁多，各具特色，但仍以80C51为核心的单片机占主流。

2. 单片机的种类和型号

（1）按CPU能处理的二进制的位数分类

① 8位单片机：MCS-51系列及其兼容机型（占主导地位），ATMEL、PHILIPS、WINBOND；非MCS-51系列单片机，MOTOROLA68HC05/08系列、PIC单片机、ATMEL的AVR。

② 16位单片机：INTEL的MCS-96/196系列、TI的MSP430系列、MOTOROLA的68HC11系列。

③ 32位单片机：MOTOROLA、TOSHIBA、HITACH、NEC、EPSON、MITSUBISHI。

（2）按芯片的可靠性及温度等级分类

民用级：0～70℃。

工业级：－40～85℃。

军用级：－65～125℃。

（3）按片内ROM供应状态分类　片内无ROM、片内带ROM、片内带EPROM、片内带E^2PROM、片内带FLASH。

（4）按半导体工艺状态分类　HMOS、CMOS、CHMOS。

MCS-51单片机系列及兼容系列见表5-1。

表5-1　MCS-51系列单片机及兼容系列

资源配置 子系列	片内ROM形式				片内ROM容量	片内RAM容量	定时器/计数器	中断源
	无	ROM	EPROM	EEPROM				
51子系列	8031	8251	8751	8951	4KB	128B	2×16	5
52子系列	8032	8752	8752	8952	8KB	256B	3×16	6

三、ATMEL系列单片机相关知识

Atmel公司生产的89系列单片机是市场上比较具有代表性的MCS-51单片机。

（1）ATMEL89 系列单片机型号说明　AT89 系列单片机型号由三个部分组成，它们分别是前缀、型号、后缀，其格式如下：

AT89C（LV、S）××××-××××

① 前缀：前缀由字母"AT"组成，它表示该器件是 ATMEL 公司的产品。

② 型号：型号由"89C××××"或"89LV××××"或"89S××××"等表示。

"9"表示芯片内部含 Flash 存储器。

"C"表示是 CMOS 产品。

"LV"表示低电压产品。

"S"表示含可下载的 Flash 存储器。

"××××"为表示型号的数字，如 51、52、2051、8252 等。

③ 后缀：后缀由"××××"四个参数组成，与产品型号间用"-"号隔开。

第一个参数"×"表示速度。

第二个参数"×"表示封装。

第三个参数"×"表示温度范围。

第四个参数"×"说明产品的处理情况。

（2）AT89C51 单片机　AT89C51 单片机特点如下。

① 与 MCS-51 产品完全兼容。

② 具有 4KB 可在系统编程的 Flash 内部程序存储器，可写/擦 1000 次。

③ 全静态操作：0～24MHz。

④ 三级程序存储器加密。

⑤ 128B 内部 RAM。

⑥ 32 根可编程 I/O 线。

⑦ 2 个 16 位定时器/计数器。

⑧ 6 个中断源。

⑨ 可编程串行 UART 通道。

⑩ 功耗空闲和掉电方式。

（3）AT89S52 单片机　AT89S52 单片机特点如下。

① 与 MCS-51 产品兼容。

② 具有 8KB 可在系统编程的 Flash 内部程序存储器，可写/擦 1000 次。

③ 4.0～5.5V 的工作电压范围。

④ 全静态操作：0～24MHz。

⑤ 三级程序存储器加密。

⑥ 256B 内部 RAM。

⑦ 全双工异步串行通信通道。

⑧ 低功耗空闲和掉电方式。

⑨ 通过中断中止掉电方式。

⑩ 看门狗定时器。

⑪ 两个数据指针。

常用 89S52 单片机外形如图 5-2 所示。

（4）STC 89C51RC/RD＋系列单片机　STC 89C51RC/RD＋系列单片机是宏晶科技推

出的新一代超强抗干扰、高速、低功耗的单片机。

指令代码完全兼容传统8051单片机，12时钟/机器周期和6时钟/机器周期可任意选择。

STC 89C51RC/RD+系列单片机特点如下。

① 增强型6/12时钟/机器周期8051 CPU。

② 工作电压5.5~3.4V（5V单片机）/3.8~2.0V（3V单片机）。

③ 工作频率范围0~40MHz，相当于普通8051的0~80MHz。

④ 用户应用程序空间4~64KB。

图5-2 常用89S52单片机外形

⑤ 片上集成1280B/512B RAM。

⑥ 通用I/O口32/36个。

⑦ ISP（在系统可编程）/IAP（在应用可编程），无需专用编程器/仿真器。

⑧ 内部E^2PROM功能。

⑨ 硬件看门狗。

⑩ 内部集成MAX810专用复位电路（D版本才有），外部晶体20MB以下时，可省外部复位电路。

⑪ 共3个16位定时器/计数器。

⑫ 外部中断4路。

⑬ 通用异步串行口，还可用定时器软件实现多个UART。

⑭ 工作温度范围0~75℃，—40~85℃。

⑮ 封装LQFP-44，PDIP-40，PLCC-44，PQFP-44。

任务二　MCS-51单片机的认识

51单片机是单片机中的一种，单片机（single-chip microcomputer）是一块集成芯片，但不是一块实现某一个逻辑功能的芯片，而是在这块芯片当中，集成了一个计算机系统。如中央处理器（CPU）、存储器（ROM，RAM）、I/O接口、定时器/计数器 ffi、中断系统等。中央处理器是单片机的核心单元，它由运算器和控制器组成，它的主要功能是实现算术运算、逻辑运算和控制。

问题导入 ▶▶▶

MCS-51单片机系列有何区别及各自特点？51单片机的S系列和C系列有何区别？

知识分析 ▶▶▶

一、MCS-51单片机系列的区别及特点介绍

1. 8031的特点

8031片内不带程序存储器ROM，使用时用户需外接程序存储器和一片逻辑电路373，

外接的程序存储器多为 EPROM 的 2764 系列。用户若想对写入到 EPROM 中的程序进行修改，必须先用一种特殊的紫外线灯将其照射擦除，之后再可写入。写入到外接程序存储器的程序代码没有什么保密性可言。

2. 8051 的特点

8051 片内有 4KB ROM，无需外接外存储器和 373，更能体现"单片"的简练。但是如编的程序无法烧写到其 ROM 中，只有将程序交给芯片厂烧写，并是一次性的，今后用户和芯片厂都不能改写其内容。

3. 8751 的特点

8751 与 8051 基本一样，但 8751 片内有 4KB 的 EPROM，用户可以将自己编写的程序写入单片机的 EPROM 中进行现场实验与应用，EPROM 的改写同样需要用紫外线灯照射一定时间擦除后再烧写。

由于上述类型的单片机应用的早，影响很大，已成为事实上的工业标准。后来很多芯片厂商以各种方式与 Intel 公司合作，也推出了同类型的单片机，如同一种单片机的多个版本一样，虽都在不断地改变制造工艺，但内核却一样，也就是说这类单片机指令系统完全兼容，绝大多数管脚也兼容；在使用上基本可以直接互换。人们统称这些与 8051 内核相同的单片机为"51 系列单片机"，学了其中一种，便学会所有的 51 系列。

4. AT89C51、AT89S51 的特点

在众多的 51 系列单片机中，要算 ATMEL 公司的 AT89C51、AT89S51 更实用，因它不但和 8051 指令、管脚完全兼容，而且其片内的 4KB 程序存储器是 FLASH 工艺的，这种工艺的存储器用户可以用电的方式瞬间擦除、改写，一般专为 ATMEL AT89xx 做的编程器均带有这些功能。显而易见，这种单片机对开发设备的要求很低，开发时间也大大缩短。写入单片机内的程序还可以进行加密，这又很好地保护了劳动成果。而且 AT89C51、AT89S51 目前的售价比 8031 还低，市场供应也很充足。

AT89S51、52 是 2003 年 ATMEL 推出的新型品种，除了完全兼容 8051 外，还多了 ISP 编程和看门狗功能。专门为这种新片设计了一款编程、学习、实验板。

5. AT89C2051、AT89C1051 等的特点

ATMEL 公司的 51 系列还有 AT89C2051、AT89C1051 等品种，这些芯片是在 AT89C51 的基础上将一些功能精简掉后形成的精简版。AT89C2051 取掉了 P0 口和 P2 口，内部的程序 FLASH 存储器也小到 2KB，封装形式也由 51 的 40 脚改为 20 脚，相应的价格也低一些，特别适合在一些智能玩具、手持仪器等程序不大的电路环境下应用；AT89C1051 在 2051 的基础上，再次精简掉了串口功能等，程序存储器再次减小到 1KB，当然价格也更低。

对 2051 和 1051 来说，虽然减掉了一些资源，但它们片内都集成了一个精密比较器，别小看这小小的比较器，它为人们测量一些模拟信号提供了极大的方便，在外加几个电阻和电容的情况下，就可以测量电压、温度等日常需要的量。这对很多日用电器的设计是很宝贵的资源。

ATMEL 的 51、2051、1051 均有多种封装，如 AT89C（S）51 有 PDIP、PLCC 和 PQFP/TQFP 等封装；2051/1051 有 PDIP 和 SOIC 封装等。

由于 51 系列单片机的内核都一样，所以在 51 单片机教材方面目前仍然沿用 Intel MCS 8051 单片机的书籍。开发软件和工具也是一样，统称为 8051 开发系统、环境等。

仅对 AT89C51、AT89S51 来说，在实际电路中可以直接互换 8051/8751，替换 8031 只是第 31 脚有区别，8031 因内部没有 ROM，31 脚需接地（GND），单片机在启动后就到外面程序存储器读取指令；而 8051/8751/89c51 因内部有程序存储器，31 脚接高电平（VCC），单片机启动后直接在内部读取指令。也就是 51 芯片的 31 脚控制着单片机程序从内部读取还是从外部读取；31 脚接电源，程序从内部读取；31 脚接地，程序从外部读取。其他无需改动。另外，AT89C51、AT89S51 替换 8031 后因不用外存储器，不必安装原电路的外存储器和 373 芯片。

二、8051 单片机的内部结构框图

图 5-3 所示为 8051 单片机的内部结构框图。

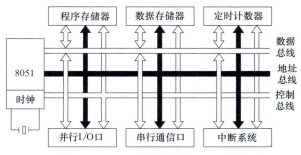

图 5-3　8051 单片机的内部结构框图

三、8051 单片机的结构原理

8051 单片机的结构原理如图 5-4 所示。

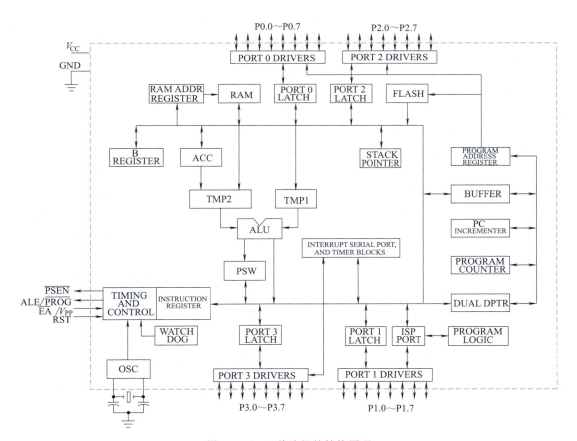

图 5-4　8051 单片机的结构原理

四、引脚资料

VCC：电源。

GND：地。

P0 口：P0 口是一个 8 位漏极开路的双向 I/O 口。作为输出口，每位能驱动 8 个 TTL 逻辑电平。对 P0 端口写"1"时，引脚用作高阻抗输入。

当访问外部程序和数据存储器时，P0 口也被作为低 8 位地址/数据复用。在这种模式下，P0 具有内部上拉电阻。

在 flash 编程时，P0 口也用来接收指令字节；在程序校验时，输出指令字节。程序校验时，需要外部接上拉电阻。

P1 口：P1 口是一个具有内部上拉电阻的 8 位双向 I/O 口，P1 输出缓冲器能驱动 4 个 TTL 逻辑电平。对 P1 端口写"1"时，内部上拉电阻把端口拉高，此时可以作为输入口使用。作为输入使用时，被外部拉低的引脚由于内部电阻的原因，将输出电流（IIL）。

此外，P1.0 和 P1.2 分别作定时器/计数器 2 的外部计数输入（P1.0/T2）和定时器/计数器 2 的触发输入（P1.1/T2EX），具体如表 5-2 所示。

表 5-2　P1 口功能

引脚号	第二功能
P1.0	T2(定时器/计数器 T2 的外部计数输入),时钟输入
P1.1	T2EX(定时器、计数器 T2 的捕捉/重载触发信号和方向控制)
P1.5	MOS1(在系统编程用)
P1.6	MOS2(在系统编程用)
P1.7	SCK(在系统编程用)

在 flash 编程和校验时，P1 口接收低 8 位地址字节。

P2 口：P2 口是一个具有内部上拉电阻的 8 位双向 I/O 口，P2 输出缓冲器能驱动 4 个 TTL 逻辑电平。对 P2 端口写"1"时，内部上拉电阻把端口拉高，此时可以作为输入口使用。作为输入使用时，被外部拉低的引脚由于内部电阻的原因，将输出电流（IIL）。在访问外部程序存储器或用 16 位地址读取外部数据存储器（例如执行 MOVX @DPTR）时，P2 口送出高八位地址。在这种应用中，P2 口使用很强的内部上拉发送 1。在使用 8 位地址（如 MOVX @RI）访问外部数据存储器时，P2 口输出 P2 锁存器的内容。在 flash 编程和校验时，P2 口也接收高 8 位地址字节和一些控制信号。

P3 口：P3 口是一个具有内部上拉电阻的 8 位双向 I/O 口，P3 输出缓冲器能驱动 4 个 TTL 逻辑电平。对 P3 端口写"1"时，内部上拉电阻把端口拉高，此时可以作为输入口使用。作为输入使用时，被外部拉低的引脚由于内部电阻的原因，将输出电流（IIL）。P3 口亦作为 AT89S52 特殊功能（第二功能）使用，如表 5-3 所示。

在 flash 编程和校验时，P3 口也接收一些控制信号。

表 5-3　P3 口功能

引脚号	第二功能
P3.0	RXD(串行输入)
P3.1	TXD(串行输出)
P3.2	INT0(外部中断 0)
P3.3	INT1(外部中断 1)

项目五 汽车单片机控制电路的认识

续表

引脚号	第二功能
P3.4	T0(定时器 0 外部输入)
P3.5	T1(定时器 1 外部输入)
P3.6	WR(外部数据存储器写选通)
P3.7	RD(外部数据存储器读选通)

RST：复位输入。晶振工作时，RST 脚持续 2 个机器周期高电平将使单片机复位。看门狗计时完成后，RST 脚输出 96 个晶振周期的高电平。特殊寄存器 AUXR（地址 8EH）上的 DISRTO 位可以使此功能无效。DISRTO 默认状态下，复位高电平有效。

ALE/PROG：地址锁存控制信号（ALE）是访问外部程序存储器时，锁存低 8 位地址的输出脉冲。在 flash 编程时，此引脚（PROG）也用作编程输入脉冲。在一般情况下，ALE 以晶振六分之一的固定频率输出脉冲，可用来作为外部定时器或时钟使用。然而，特别强调，在每次访问外部数据存储器时，ALE 脉冲将会跳过。如果需要，通过将地址为 8EH 的 SFR 的第 0 位置"1"，ALE 操作将无效。这一位置"1"，ALE 仅在执行 MOVX 或 MOVC 指令时有效。否则，ALE 将被微弱拉高。这个 ALE 使能标志位（地址为 8EH 的 SFR 的第 0 位）的设置对微控制器处于外部执行模式下无效。

PSEN：外部程序存储器选通信号（PSEN）是外部程序存储器选通信号。当 AT89S52 从外部程序存储器执行外部代码时，PSEN 在每个机器周期被激活两次，而在访问外部数据存储器时，PSEN 将不被激活。

EA/VPP：访问外部程序存储器控制信号。为使能从 0000H 到 FFFFH 的外部程序存储器读取指令，EA 必须接 GND。为了执行内部程序指令，EA 应该接 VCC。在 flash 编程期间，EA 也接收 12V VPP 电压。

XTAL1：振荡器反相放大器和内部时钟发生电路的输入端。

XTAL2：振荡器反相放大器的输出端。

五、51 单片机 S 系列与 C 系列区别

1. S 系列与 C 系列区别

两者主要的区别是 AT89S51 支持 ISP（In System Programming，即"在线可编程"），而 AT89C51 无此功能。

以下描述更加详细：这里要澄清单片机实际使用方面的一个产品概念，MCS-51 单片机是美国 INTE 公司于 1980 年推出的产品，典型产品有 8031（内部没有程序存储器，实际使用方面已经被市场淘汰）、8051（芯片采用 HMOS，功耗是 630mW，是 89C51 的 5 倍，实际使用方面已经被市场淘汰）和 8751 等通用产品，一直到现在，MCS-51 内核系列兼容的单片机仍是应用的主流产品（比如目前流行的 89S51、89C51 等），各高校及专业学校的培训教材仍将 MCS-51 单片机作为代表进行理论基础学习。

有些文献甚至也将 8051 泛指 MCS-51 系列单片机，8051 是早期的最典型的代表作，由于 MCS-51 单片机影响极深远，许多公司都推出了兼容系列单片机，就是说 MCS-51 内核实际上已经成为一个 8 位单片机的标准。

其他公司的 51 单片机产品都是和 MCS-51 内核兼容的产品。同样的一段程序，在各个单片机厂家的硬件上运行的结果都是一样的，如 ATMEL 的 89C51（已经停产）、89S51，PHILIPS（菲利浦）和 WINBOND（华邦）等，我们常说的已经停产的 89C51 指的是 AT-

123

MEL 公司的 AT89C51 单片机，同时是在原基础上增强了许多特性，如时钟。更优秀的是由 Flash（程序存储器的内容至少可以改写 1000 次）存储器取带了原来的 ROM（一次性写入），AT89C51 的性能相对于 8051 已经算是非常优越的了。

不过在市场化方面，89C51 受到了 PIC 单片机阵营的挑战，89C51 最致命的缺陷在于不支持 ISP（在线更新程序）功能，必须加上 ISP 功能等新功能才能更好延续 MCS-51 的传奇。89S51 就是在这样的背景下取代 89C51 的，现在，89S51 目前已经成为了实际应用市场上新的宠儿，作为市场占有率第一的 Atmel 目前公司已经停产 AT89C51，将用 AT89S51 代替。89S51 在工艺上进行了改进，89S51 采用新工艺，成本降低，而且将功能提升，增加了竞争力。89SXX 可以向下兼容 89CXX 等 51 系列芯片。同时，Atmel 不再接受 89CXX 的订单，大家在市场上见到的 89C51 实际都是 Atmel 前期生产的巨量库存而已。如果市场需要，Atmel 当然也可以再恢复生产 AT89C51。

89S51 相对于 89C51 增加的新功能包括：

① 新增加很多功能，性能有了较大提升，价格基本不变，甚至比 89C51 更低。

② ISP 在线编程功能，这个功能的优势在于改写单片机存储器内的程序不需要把芯片从工作环境中剥离，是一个强大易用的功能。

③ 最高工作频率为 33MHz，大家都知道 89C51 的极限工作频率是 24MHz，就是说 S51 具有更高工作频率，从而具有了更快的计算速度。

④ 具有双工 UART 串行通道。

⑤ 内部集成看门狗计时器，不再需要像 89C51 那样外接看门狗计时器单元电路。

⑥ 双数据指示器。

⑦ 电源关闭标识。

⑧ 全新的加密算法，这使得对于 89S51 的读取变为不可能，程序的保密性大大加强，这样就可以有效地保护知识产权不被侵犯。

兼容性方面：向下完全兼容 51 全部字系列产品。比如 8051、89C51 等早期 MCS-51 兼容产品。也就是说所有教科书、网络教程上的程序（不论教科书上采用的单片机是 8051 或是 89C51 还是 MCS-51 等等），在 89S51 上一样可以照常运行，这就是所谓的向下兼容。

比较结果：就如同 INTEL 的 P3 向 P4 升级一样，虽然都可以跑 Windows98，不过速度是不同的。从 AT89C51 升级到 AT89S51，也是同理。和 S51 比起来，C51 就要逊色一些，实际应用市场方面技术的进步是永远向前的。

2. 51 单片机最小系统

什么是单片机的最小系统？初学者可能对单片机最小系统感觉很神秘，其实单片机最小系统很简单，就是能使单片机工作的最少的器件构成的系统。最小系统虽然简单，但却是大多数控制系统所必不可少的关键部分。

单片机最小系统的组成

对于 MCS-51 单片机，其内部已经包含了一定数量的程序存储器和数据存储器，在外部只要增加时钟电路和复位电路即可构成单片机最小系统。下面对 51 单片机最小系统需要的时钟电路和复位电路进行详细的说明。

（1）时钟电路　单片机系统中的各个部分是在一个统一的时钟脉冲控制下有序地进行工作，时钟电路是单片机系统最基本、最重要的电路。

MCS-51 单片机内部有一个高增益反相放大器，引脚 XTAL1 和 XTAL2 分别是该放大器的输入端和输出端，如果引脚 XTAL1 和 XTAL2 两端跨接上晶体振荡器（晶振）或陶瓷振荡器就构成了稳定的自激振荡电路，该振荡电路的输出可直接送入内部时序电路。MCS-51单片机的时钟可由两种方式产生，即内部时钟方式和外部时钟方式。

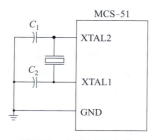

图 5-5　内部时钟方式

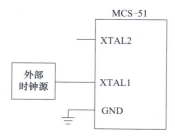

图 5-6　外部时钟方式

① 内部时钟方式。内部时钟方式即是由单片机内部的高增益反相放大器和外部跨接的晶振、微调电容构成时钟电路产生时钟的方法，其工作原理如图5-5所示。外接晶振（陶瓷振荡器）时，C_1、C_2的值通常选择为30pF（40pF）左右；C_1、C_2对频率有微调作用，晶振或陶瓷谐振器的频率范围可在1.2～12MHz之间选择。为了减小寄生电容，更好地保证振荡器稳定、可靠地工作，振荡器和电容应尽可能安装得与单片机引脚XTAL1和XTAL2靠近。由于内部时钟方式外部电路接线简单，单片机应用系统中大多采用这种方式。内部时钟方式产生的时钟信号的频率就是晶振的固有频率，常用f_{osc}来表示。如选择12MHz晶振，则$f_{osc}=12\times10^6$Hz。

② 外部时钟方式。外部时钟方式即完全用单片机外部电路产生时钟的方法，外部电路产生的时钟信号被直接接到单片机的XTAL1引脚，此时XTAL2开路，具体电路如图5-6所示。在介绍完了MCS-51单片机的时钟电路后，笔者不得不介绍一下CPU以及工作周期问题，因为CPU的工作周期是基于时钟信号的，是与时钟信号密不可分的。CPU在执行指令时，都是按照一定顺序进行的，由于指令的字节数不同，取指所需时间也就不同，即使是字节数相同的指令，执行操作也会有很大差别，不同的指令的执行时间当然也不相同，即CPU在执行各个指令时，所需要的节拍数是不同的。为了便于对CPU时序的理解，人们按指令的执行过程定义了几个名词，即时钟周期、机器周期和指令周期。时钟周期：时钟周期也称为振荡周期，定义为时钟脉冲频率（f_{osc}）的倒数，是单片机中最基本的、最小的时间单位。由于时钟脉冲控制着计算机的工作节奏，对同一型号的单片机，时钟频率越高，计算机的工作速度显然就会越快。然而，受硬件电路的限制，时钟频率也不能无限提高，对某一种型号的单片机，时钟频率都有一个范围，如对MCS-51单片机，其时钟频率范围是0～33MHz。为方便描述，振荡周期一般用P（pause）表示。

（2）机器周期　完成一个最基本操作（读或写）所需要的时间称为机器周期。MCS-51单片机的机器周期是固定的，即一个机器周期由12个时钟周期组成。采用6MHz的时钟频率时，一个机器周期就是2ms，采用12MHz的时钟频率时，一个机器周期就是1ms。指令周期：指令周期是执行一条指令所需要的时间，一般由若干个机器周期组成，指令不同，后需要的机器周期数也不同。对于一些简单的单字节指令，指令周期可能和机器周期时间相同；而对于一些比较复杂的指令，如乘除运算则需要多个机器周期才能完成，这时指令周期大于机器周期。通常，一个机器周期即可完成的指令称为单周期指令，两个机器周期才能完成的指令称为双周期指令。MCS-51单片机中的大多数指令都是单周期或双周期指令，只有乘、除运算为四周期指令。大规模集成电路在上电时一般都需要进行一次复位操作，以便使芯片内的一些部件处于一个确定的初始状态，复位是一种很重要的操作。器件本身一般不具有自动上电复位能力，需要借助外部复位电路提供的复位信号才能进行复位操作。

MCS-51 单片机的第 9 脚（RST）为复位引脚，系统上电后，时钟电路开始工作，只要 RST 引脚上出现大于两个机器周期时间的高电平即可引起单片机执行复位操作。有两种方法可以使 MCS-51 单片机复位，即在 RST 引脚加上大于两个机器周期时间的高电平或 WDT 计数溢出。单片机复位后，PC＝0000H，CPU 从程序存储器的 0000H 开始读取指令执行。复位后，单片机内部各 SFR 的值也复位。单片机的外部复位电路有上电自动复位和按键手动复位两种。

（3）上电复位电路　最简单的上电复位电路由电容和电阻串联构成，如图 5-7 所示。

上电瞬间，由于电容两端电压不能突变，RST 引脚电压端 V_R 为 V_{CC}，随着对电容的充电，RST 引脚的电压呈指数规律下降。经过时间 t_1 后，V_R 降为高电平所需电压的下限 3.6V，随着对电容充电的进行，V_R 最后将接近 0V。为了确保单片机复位，t_1 必须大于两个机器周期的时间，机器周期取决于单片机系统采用的晶振频率。

图 5-7 中，R 不能取得太小，典型值 10kΩ；t_1 与 RC 电路的时间常数有关，由晶振频率和 R 可以算出 C 的取值。

图 5-8 为上电复位和按键复位组合电路，R_2 的阻值一般很小，只有几十欧姆，当然也可以直接短接。

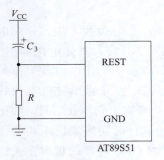
图 5-7　RC 上电复位电路图

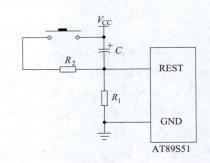
图 5-8　上电复位和按键复位组合电路

（4）89S51 相对于 89C51 增加的新功能

① 性能有了较大提升，价格基本不变，甚至比 89C51 更低。

② ISP 在线编程功能，这个功能的优势在于改写单片机存储器内的程序不需要把芯片从工作环境中剥离，是一个强大易用的功能。

③ 最高工作频率为 33MHz，大家都知道 89C51 的极限工作频率是 24MHz，就是说 S51 具有更高工作频率，从而具有了更快的计算速度。

④ 具有双工 UART 串行通道。

⑤ 内部集成看门狗计时器，不再需要像 89C51 那样外接看门狗计时器单元电路。

⑥ 双数据指示器。

⑦ 电源关闭标识。

⑧ 全新的加密算法，这使得对于 89S51 的解密变为不可能，程序的保密性大大加强，这样就可以有效地保护知识产权不被侵犯。

六、51单片机主要功能

一个8位CPU、一个偏内振荡器及时钟电路、128B的片内数据存储器、4KB的片内程序存储器、可寻址的64KB外部数据存储器和64KB外部程序存储器的控制电路、21B的专用寄存器、4个8位并行I/O接口、一个全双工的串行口、2个16位的定时器/计数器和一个布尔处理机。在MCS-51系列单片机中具有5个中断源和2个中断优先级，片内采用单一总线结构连接。

1. MCS-51单片机内部结构

8051是MCS-51系列单片机的典型产品，以这一代表性的机型进行系统的讲解。

8051单片机包含中央处理器、程序存储器（ROM）、数据存储器（RAM）、定时/计数器、并行接口、串行接口和中断系统等几大单元及数据总线、地址总线和控制总线等三大总线，现在分别加以说明。

（1）中央处理器 中央处理器（CPU）是整个单片机的核心部件，是8位数据宽度的处理器，能处理8位二进制数据或代码，CPU负责控制、指挥和调度整个单元系统协调工作，完成运算和控制输入输出功能等操作。

（2）数据存储器（RAM） 8051内部有128个8位用户数据存储单元和128个专用寄存器单元，它们是统一编址的，专用寄存器只能用于存放控制指令数据，用户只能访问，而不能用于存放用户数据。所以，用户能使用的RAM只有128个，可存放读写的数据、运算的中间结果或用户定义的字型表。

（3）程序存储器（ROM） 8051共有4096个8位掩膜ROM，用于存放用户程序、原始数据或表格。

（4）定时/计数器（ROM） 8051有两个16位的可编程定时/计数器，以实现定时或计数产生中断用于控制程序转向。

（5）并行输入输出（I/O）口 8051共有4组8位I/O口（P0、P1、P2或P3），用于对外部数据的传输。

（6）全双工串行口 8051内置一个全双工串行通信口，用于与其他设备间的串行数据传送，该串行口既可以用作异步通信收发器，也可以当同步移位器使用。

（7）中断系统 8051具备较完善的中断功能，有两个外中断、两个定时/计数器中断和一个串行中断，可满足不同的控制要求，并具有2级的优先级别选择。

（8）时钟电路 8051内置最高频率达12MHz的时钟电路，用于产生整个单片机运行的脉冲时序，但8051单片机需外置振荡电容。

2. 单片机的结构类型

单片机的结构有两种类型：一种是程序存储器和数据存储器分开的形式，即哈佛（Harvard）结构；另一种是采用通用计算机广泛使用的程序存储器与数据存储器合二为一的结构，即普林斯顿（Princeton）结构。INTEL的MCS-51系列单片机采用的是哈佛结构的形式，而后续产品16位的MCS-96系列单片机则采用普林斯顿结构。

七、51单片机的串行口扩展方法

在研究采场瓦斯积聚模拟试验台的过程中，设计了主从式多机控制系统结构。主从式多机控制系统是实时控制系统中较为普遍的结构形式，它具有可靠性高、结构灵活等优点。当选用单串口 51 单片机构成这种主从式多机系统时,51 单片机一方面可能要和主机 Computer 通信,一方面又要和下位机通信,这时就需要扩展串行通道。常用的标准 51 单片机内部仅含有一个可编程的全双工串行通信接口,具有 UART 的全部功能。该接口电路不仅能同时进行数据的发送和接收,也可作为一个同步移位寄存器使用。当以此类型单片机构成分布式多级应用系统时,器件本身的串口资源就不够用了。两种常用而有效的串行通道扩展方法如下。

1. 基于 SP2538 的扩展方法

SP2538 是专用低功耗串行口扩展芯片,该芯片主要是为解决当前基于 UART 串口通信的外围智能模块及器件较多,而单片机或 DSP 原有的 UART 串口又过少的问题而推出的。利用该器件可将现有单片机或 DSP 的单串口扩展至 5 个全双工串口。使用方法简单、高效。

串口和所有子串口都是 TTL 电平接口,可直接匹配其他单片机或 TTL 数字电路,如需连接 PC 机则必须增加电平转换芯片如 MAX202、MAX232 等。SP2538 具有内置的上电复位电路和可关闭的看门狗监控电路。上位机写命令字 0x10 可实现喂狗,写命令字 0x15 关闭看门狗,初次上电后看门狗处于激活状态或写命令字 0x20 激活看门狗监控功能。上位机可通过芯片复位指令 0x35 在任何时候让芯片进行指令复位,也可通过芯片睡眠指令 0x55 在任何时候让芯片进入微功耗睡眠模式以降低系统功耗。初次上电后芯片不会自行进入睡眠模式,但只能由上位机通过母串口任意发送一个字节数据将其唤醒,其他子串口不具备这一功能。

图 5-9 是 AT89C52 单片机与 SP2538 的电路连接,图中,AT89C52 的全双工串口与 SP2538 的母串口 5 相连,该串口同时也作为命令/数据口。SP2538 的 ADRI0、ADRI1、ADRI2 分别与 AT89C52 的 P2.3、P2.4、P2.5 口相连,可用于选择发送数据时选择相应的串口 0~4;ADRO0、ADRO1、ADRO2 与 P2.0、P2.1、P2.2 相连,用于判断接收的数据来自哪一个串口。SP2538 的时钟频率选为 20.0MHz,此时母串口 5 的波特率为 57600bps,串口 0~4 的波特率为 9600bps。

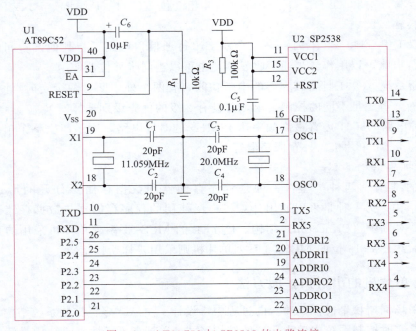

图 5-9　AT89C52 与 SP2538 的电路连接

2. 基于Intel8251的串行口扩展方法

上面基于 SP2538 的串口扩展方法可以说是一种串行的扩展方法，这里基于 Intel8251 的扩展方法则是一种并行的方法。Intel8251 是一种通用的同步/异步发送器（USART），它的工作方式可以通过编程设置，能够以同步或异步串行通信方式工作，能自动完成帧格式。

Intel8251 具有独立的接收/发送器。在异步方式下，用于产生 8251 内部时序的时钟 CLK 输入至少应为发送或接收时钟的 4.5 倍。接收/发送（RXC/TXC）时钟应为波特率的 1 倍、16 倍或 64 倍（由 8251 的工作方式设定）。

图 5-10 是用 Intel8251 扩展一个串行通道的电路原理，图中，11.0592MHz 晶振经 ALE6 分频后，产生 1.8432MHz 的时钟频率，分别作为 8251 与 8253 的时钟输入，若设定 8251 通信波特率为 9600bps，波特率因子为 16，则需要 153.6kHz 的接收/发送时钟频率，该频率可由 8253 的 OUT_0 产生。

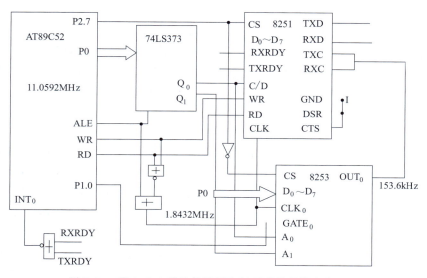

图 5-10　用 89C52 单片机扩展串行通道的硬件电路原理

以单片机为核心的多级分布式系统的应用越来越广泛，上面讨论的两种串行口的扩展方法为此类多串口应用领域提供了一个良好的解决方案。在实际中采用基于 SP2538 的扩展方法，设计了采场瓦斯积聚模拟试验台的多级分布式采控系统，效果良好。

任务三　单片机在汽车控制技术中的应用

当前，单片机的应用是较为广泛的，最为主要的就是在控制系统中的应用。近年来，随着汽车行业的快速发展，单片机的应用也越来越广泛。在这样的背景下，积极研究单片机在汽车控制系统中的应用是十分有必要的。下面将详细讨论和分析单片机在汽车控制系统中的应用。

单片机在汽车控制中起到哪些重要作用？请阐述单片机在汽车防盗和超速报警系统中的

设计思路及工作原理。

知识分析

一、单片机在汽车控制中的重要作用

1. 提升汽车灵活性

单片机的应用主要是通过软件算法实现的控制目标，控制方案和参数等便于修改，因此对提升系统的灵活性来说将产生重要的意义。同时，采取单片机方式可以进一步实现复杂的控制功能，很多的机械系统是无法实现非线性控制的，但在当前却都能实现。例如在发动机点火中的控制，原本是通过分电器的复杂机械部件来实现，采取单片机的方式则能实现连续型的非线性控制。这种方式下将大大提升发动机的工作状态，改善发动机效率。

2. 提升系统可靠性

采用单片机控制能有效地减少外围电器与机械部件。一些机械部件生产时，很难调整参数，并且会随着时间的推移而发生变化。例如分电器是由多个机械部件组成的，生产的过程中需要有多名工作人员来调整参数，导致产品出现单一性，生产的程序也较为复杂化。而采取单片机的形式则能实现数字控制，在一定程度上能减少机械与电子控制器件，提升控制的稳定性。

3. 提升系统集成度

汽车本身的参数控制采用不同的机械系统实现。因此，各个系统之间存在着一定的协调性缺失现象。采取单片机控制的方式，不仅能真正减少复杂性，同时也能提升系统的整体处理能力，协调整体。例如使用单片机进行发动机的控制，能将原本的控制喷油的化油器和真空提前等结构全部代替，从而保证其综合性能得到提升。这就是当前较为先进的燃油喷射系统。在燃油喷射系统中，主要是在排气管上安装氧传感器，根据排气中的氧含量高度变化来比较进入到发动机中混合气的空燃值，并将结果输入到计算机当中，去对比设定的目标空燃值。此后，要将误差通过放大控制的方式来融入到电磁喷油量中，不仅空燃值控制的精度要整体上升，更能减少产品差异所造成的性能变化问题。对提升工作的稳定性和抗干扰能力来说都具有重要的意义。单片机控制的燃油喷射能促使发动机获得更好的燃料经济性和排放性，积极影响汽车使用性能的提升。近年来，随着社会对环保要求越来越高，人们也开始更加重视汽车尾气排放量，并制定了相应的标准控制。在这种形式下，更加为电子燃油喷射系统的发展提供了保障。与传统的化油器相比较，电子燃油喷射系统有很多优势，无论是在整体的性能上，还是在环保性等方面都能达到更好的效果。因此，更容易满足国家对尾气排放量的环保性要求。

二、单片机与汽车防盗报警系统

1. 汽车报警系统的整体设计

在防盗报警系统中，除了单片机，GSM 也是系统的一部分。GSM 是全球移动通信的缩写，在我国的覆盖面广，同时数据保密性强、传输可靠性也较高，其中有一项重要业务——短消息服务。基于单片机和 GSM 网络的汽车防盗报警系统，其核心是手机通信模块。以短消息为传输媒介，用户通过发送短消息，可以用手机锁定打开油路、远程开关车门、实时监控汽车的防盗报警灯功能和运行安全状态。一旦系统监测到车门或汽车点火系统被非法打

开，防盗系统会通过 TC35I 手机通信模块，向车主发送报警短信，车主则能根据需要回复短消息，通过单片机来驱动对应的执行模块。在远程操作中，手机通信模块能够将接收到的车主返回的短消息转换成标准格式的数据信息，再将数据传送到单片机控制系统，其内部程序会对短消息内容作自动判断。指令合法时系统会提供相应的服务，否则会自动清空数据库中的数据。

2. 系统结构与工作原理

防盗报警系统主要由 GSM 模块、两个单片机控制模块、声光报警模块、震动传感器模块、遥控模块、无线发射与接收模块组成。其中，主控制模块负责处理声光报警和和传感器信号。当防盗模式被启动后，传感器检测模块就会处于工作状态。当它感受到外界的震动干扰，模块中接触片的状态会改变向单片机输出信号。单片机接收到信号后会进行处理，即向声光报警模块发出信号，驱动蜂鸣器和发光二极管发出声光警报信号。在系统的声光报警模块发出报警声的同时，单片机会发送指令，实现与 GSM 模块的通信，这样就可以给车主发送短信或打电话。TC35I 手机通信模块是 GSM 模块自带的通信接口，可以安全可靠地实现数据、语音传输和短消息服务。同时，GSM 移动通信网络也会开始搜索车载通信装置的信号，以便确定车辆的位置。当车主收到短消息后，可以立刻通过遥控器远程控制，按下遥控器的不同按键，相当于给系统的接口发送不同的信号，单片机就会得到不同含义的程序，进而向无线模块输送相应信号；无线接收模块得到信号后，会将其输送到报警器上的单片机，由它做相应处理。在不同模块中，起到作用的是各自的程序，包括主程序、中断服务与定时器设置程序、初始化子程序、遥控发射程序、GSM 拨打电话程序和停止报警程序等。不同的按键、信号其实是启动了相应的程序，程序监测到相应的信号，再进行对应的工作。不过，在车主启动防盗报警系统前，需要对程序进行预设定，如遥控发射程序，需要事先设定好不同按键的含义，这样在车主远程按下按键时，系统才能按照其需要，启动不同的程序。

三、单片机与汽车超速报警系统

1. 系统组成与工作原理

系统主要由速度传感器、扬声器、蓄电池和不同的工作电路组成，这些电路包括单片机控制电路、波形整形电路、稳压电源电路、语音报警电路和显示电路等。速度传感器在汽车行驶时采集脉冲信号，波形整形电路会对信号整形和限幅，送到单片机控制电路计数，反复计出 1s 的脉冲频率，液晶屏上会显示当前的车速。单片机时刻判断汽车是否超出设定速度，若汽车超速，则输出低电平，触发语音报警电路。

2. 系统的设计

速度传感器主要有电磁感应式、可变磁阻式、光电式等，其作用都是输出与车轮转速成正比的频率信号。供电电路、单片机控制电路和语音报警电路等需要芯片。供电电路需要电压转换芯片，保证电源电路的电压稳定。单片机芯片包括中央处理单元、只读程序存储器、内部数据存储器、定时/计数器和片内的时钟振荡电路等。程序由不同的按键控制，如初值、超速报警速度增加和减小（步进值为 10km，范围 10～200km）。液晶屏上分为两行：行车速度和报警速度值。速度超过设定值时，传感器输出的信号会发生变化。语音报警电路使用语音芯片，具备良好的音质、灵活的控制方式并支持多组语音组合。当该电路接收到单片机发出的超速信号后，扬声器会播放提醒车主减速慢行的语音。若语音结束前再收到同样信号，不会产生动作；语音结束后收到，则会重新播放报警语音。根据不同的传感器、车型和限速要求，车主只需简单地更改软件程序数据。

四、汽车单片机项目教学实训台的组成和基本原理

汽车单片机项目教学实训台主要由汽车发动机冷却水温测量控制系统和汽车车轴转速测量与显示系统两个教学项目组成，外形如图 5-11 所示。整个硬件配置由发动机热交换装置、车轴转速检测装置、中央处理控制单元（ECU）、动态数字/模拟显示、语音报警、冷却风扇控制电路、操作按钮以及信号测试端口等组成。

图 5-11　汽车单片机项目教学实训台图

1. 汽车发动机冷却水温测控系统

使用加热器加热水箱，模拟发动机水温上升过程。传感器检测到发动机水温信号产生模拟电压，经 A/D 转换成数字信号输入单片机 CPU，根据其内部预先存储的数据和编制的程序进行数学计算和逻辑判断后实时显示水温。当水温上升到 70℃ 时，模拟指示灯开始指示；水温上升到 88℃，低速降温继电器动作，启动冷却风扇开始降温，冷却风扇低速模拟指示灯旋转指示；水温上升到 93℃，高速降温继电器动作，冷却风扇高速模拟指示灯旋转指示；水温上升到 95℃，超温报警器报警，加热器停止加热，水温开始下降。当水温降到 93℃ 时，风扇高速继电器断开，冷却风扇变为低速运转；水温降到 88℃，风扇低速继电器断开，冷却风扇停止运行。当水温自然冷却到 70℃，加热器再次加热，一个工作循环结束。

2. 汽车车轴转速系统

电机转动带动测量齿轮，模拟汽车车速变化过程。传感器检测到车速信号经整形放大处理后转换成脉冲波输入单片机 CPU，根据其内部设置的程序进行数学计算和分析后对汽车车速进行实时监控显示，当实际车速值大于人工预设值 120km/h 时，语音报警超速提示。车速测量范围为 0～240km/h。

3. 故障诊断系统

本教学实训台配置了故障自诊断系统，先人工设置相关故障，然后通过操作选择按钮方式，再按启动按钮，则系统进入故障诊断模式，车速显示窗口数字灯闪烁，依次自动循环显示所设置的故障代码。

五、单片机项目教学实训台的研发与制作

在开发设计单片机项目教学实训台的前期阶段，考虑到以前的实训台架只是制作测试端子，不能形象地反映单片机项目教学的工作过程与控制原理，实训中还必须另外找电控原理图才能实施查故、排故的专业训练。而结合汽车专业的工作特点，将单片机两个训练项目的整套原理图直接制作在教学实训台的立面上，能直观、形象地反映发动机水温与汽车车速的测控原理，如图 5-12 所示。

设备上采用的传感器、继电器、冷却风扇、接插件甚至连面板标识都来源于汽车专业的

项目五 汽车单片机控制电路的认识

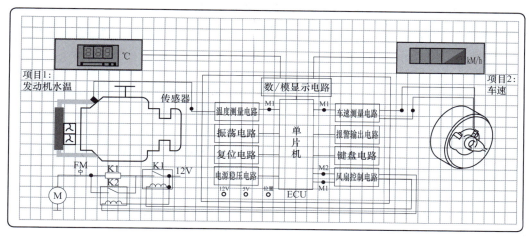

图 5-12　单片机项目教学实训台面板图

规定，全方位针对汽车电器的工作过程进行项目教学，学生学习起来就会感到有亲切感，不会陌生。另外，在面板上的控制原理图上，嵌入安装了测量信号端子，可对发动机水温和车速的各种参数进行实时测量和动态分析，方便了单片机的项目教学，并使查故、排故训练现场化，创建真实的教学环境。

中央处理控制单元（ECU）电路板（如图 5-13 所示）是单片机项目教学的核心，其中

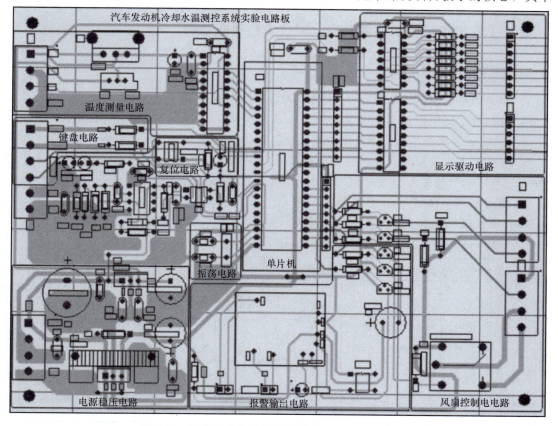

图 5-13　实训台中央处理控制单元（ECU）电路板图

133

所涉及的每一部分电路均由学生以小组单位形式完成。教学的环节有：项目电路设计、PCB板制作、电子元件插件焊接、硬件测试、软件编程参数修改、程序调试与烧录、故障处理排除、工作页的撰写等。

1. 单片机项目教学实训台的研制工作

① 汽车市场调研、专家研讨，结合汽车类专业具体工作过程，确定教学项目。对项目的组成、系统结构与功能进行技术分析，为研制做好准备工作。

② 整体方案研究，明确项目研发的目标、任务、关键技术及解决方案。

③ 制订技术路线与详细设计内容，包括硬件软件、实训台外观钣金、材料采购、电子PCB板的打样等，设计力求科学合理。

④ 委托生产厂家按要求进行加工制作，力求制作过程实用美观、尽量降低生产成本。

⑤ 实训设备现场装配、硬件测试、软件调试、系统联机试验。

⑥ 作为教学平台设置各种故障，不断总结、完善提高。

2. 单片机项目教学实训台拟解决的关键问题

① 教学项目的选取要具有代表性、经典性和实用性。

② 台架结构坚实、元件布局合理、外形美观、实用。

③ 面板操作简单、人机界面友好，实现模块化设计，预留项目教学扩展功能接口。

④ 信号实现隔离，具备防干扰措施，确保安全可靠。

⑤ ECU板采用单片机教学系统，设计总线方式，满足现场查故、排故要求。

六、单片机项目教学实训台的关键技术和诊断功能

1. 单片机项目教学实训台的关键技术

① 发动机冷却水温与车速的实时检测、动态模拟及数字显示。

② 车速测量（齿轮脉冲测速），能精确测量 0～20km/h 低转速。

③ 发动机水温模拟加热及冷却装置。

④ ECU板采用单片机控制处理系统及总线驱动电路。

⑤ 实训台人机智能界面能够生动形象地反映发动机的水温、车速传感器、执行机构及显示装置与中央处理控制单元（ECU）的工作关系和测控原理，针对故障进行诊断处理。

2. 单片机项目教学实训台故障诊断功能

结合单片机项目教学实训台的操作面板（如图 5-14 所示），操作按钮开关选择方式，可以按需要快速进行多个故障设置，故障代码由四位数码显示。

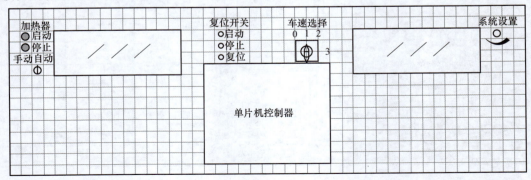

图 5-14　实训台的操作面板图

① 故障设置以后，透过观察窗可以直观地观察发动机水温、车速测控及显示等各故障的实际现象。针对汽车等专业的具体工作过程，方便快捷地与检测仪器连接，读出故障代码并进行元件测试等。

② 可以断开传感器与中央处理控制单元（ECU）的连接设置断路故障，也可接地设置短路故障，或者模拟相应的信号输入 ECU 单元，代替传感器的信号设置模拟故障。对于故障的查找，既可以在实物上进行，又可以在面板上进行检测。

③ 通过万用表或仪器仪表对检测信号进行测量和波形动态分析，可对发动机的水温、车速传感器、执行机构、显示报警装置、中央处理控制单元（ECU）板进行定量检查与测试，从而查找并排除故障。故障诊断贴近汽车电器专业的应用实际，不仅可提高学生的分析能力和操作技能，更为重要的是可让学生真正感觉到在"学中做、做中学、边学、边做、边做、边学"，消除学生对单片机的神秘感，最终使学生将学到的技能转化为实际工作能力，为国家培养出汽车市场急缺的高层次技能人才。

七、单片机项目教学实训台在项目教学中的运用实例

1. 常见故障实例

发动机水温异常。故障现象：汽车在行驶途中发动机水温变化剧烈，温度显示不稳定。原因分析：汽车发动机水温测控系统采用了反馈控制，发动机水温的高低决定冷却风扇转速的快慢。水温应始终恒定在 85～90℃ 之间，以免造成发动机温度不正常而降低发动机工作效率。

2. 诊断与排除

① 现场检查，按下启动按钮，水箱被加热，随着水温的上升，温度开始剧烈变化，造成风扇继电器频繁接触闭合与断开，确定风扇控制电路正常。

② 断开水温传感器与中央处理控制单元（ECU）的连接插件，用仪器测量实训台面上的温度信号端子，发现传感器的温度曲线呈现负温度系数的动态特征，说明传感器良好，不需更换。

③ 模拟相应的信号输入 ECU 单元，发现发动机水温显示正常。按下复位按钮，故障代码消失，由此排除 ECU 板出错可能。

④ 经排查后发现传感器插头上导线与中央处理控制单元（ECU）的连接插件插头接触不良，然后焊接好并装复后试车，故障排除，车况正常。实际教学的应用证实单片机项目教学实训台能形象地模拟发动机水温测控系统中具体工作过程与反馈信号的工作状态，它的研制成功使得单片机项目课程教学不再是教学的难点，单片机项目教学实训台作为一个教学实训的载体，可以培养学生成为既懂汽车、又懂单片机技术的复合型高技能人才。

八、汽车单片机选用

汽车是单片机的一个非常特殊的载体。首先，汽车会行驶在各种各样不同路况的道路上，单片机就要随着汽车在各种环境下工作；另外，汽车本身内部运行时也会产生各种不利因素。因此，在选用时不同应用功能的单片机应该具有不同的特点。为了保证单片机工作的稳定性和可靠性，在选用汽车单片机时应考虑到以下特性。

汽车单片机的选用

1. 耐高温性

汽车发动机运行时会产生大量的热量，冷却及散热系统不可能将这些热量完全处理妥

当。这些热量会在发动机箱以及车体传播。另外夏季阳光直射下，车内温度也会明显升高。温度对于单片机工作的稳定性起到很大影响作用。超过设计温度上限时很容易造成单片机失效，造成系统故障。因此在选用单片机时必须要选择能够高温环境下保持稳定的芯片。

2. 抗干扰性

汽车行驶时能对单片机的工作产生各种干扰源，如继电器火花、高压点火和电源等引起的干扰等。这些干扰会对单片机所控制的系统安全运行造成潜在的隐患。因此在选用汽车控制及安全方面的单片机时，首先应注重其抗干扰性能。在系统被干扰时能够以设计的备用安全参数行驶以保证车辆安全。

3. 抗振性

汽车行驶的路况是复杂的，经常受到颠簸。另外，发动机工作时也会产生振动。因此在结构和工艺设计上应保证汽车上的所有电器设备都必须经受得住强烈的振动。单片机也不例外，其作为控制的核心部分，良好的抗振性是其最基础的性能之一。

4. 稳定、可靠性

选用单片机时，稳定可靠性是汽车单片机的重点，这是关乎安全和生命的。除了以上几点，在选用单片机时，还应该考虑到性价比。在满足功能需求下，尽量降低成本。比如，一些简单的控制，就不需要用复杂的、价位高的单片机。另外，还应考虑到单片机市场的供需情况。

九、汽车单片机发展趋势

为了适应未来汽车发展趋势和厂商的喜好，汽车单片机未来应该具有以下几个趋势。

1. 低压

汽车单片机电压将会有所降低以减少功耗。因此电压会降低到5V、3.3V甚至到1.8V。

2. 小体积

更小体积对于空间布置极为有利。因此封装形式将会由DIP逐渐转向SSOP并进一步缩小为LQFP封装。

3. 市场进一步细分

针对汽车不同系统的功能需求，通用型单片机将逐渐减少，而专用型将越来越多，高、中、低端市场也会细分。

随着单片机技术的快速发展，在汽车控制方面的应用也逐渐提升，这种应用将在很大程度上促进汽车行业健康地发展，更能积极影响我国的汽车电子化发展。传统的汽车是一个单纯的机械装置，而现代的汽车已经完全改变，称之为机电一体化的智能设备更为合适。几乎在汽车的所有系统都用得到了电子产品，如信息娱乐系统、通信系统、发动机管理、电子方向盘、安全系统、电子制动、排气、车身电子等。这让整个汽车系统变得更加人性化、智能化，可靠性、舒适性、安全性也大大提高。

小　结

1. 单片机：一种集成电路芯片，是采用超大规模集成电路技术把具有数据处理能力的中央处理器CPU、随机存储器RAM、只读存储器ROM、多种I/O口和中断系统、定时器/计数器等功能电路集成到一块芯片上构成的一个小而完善的计算机系统。

2. ROM称为程序存储器，只存放程序、固定常数及数据表格。

项目五 汽车单片机控制电路的认识

3. RAM 则为数据存储器，用作工作区及存放用户数据。
4. 单片机最小系统：时钟电路、机器周期、上电复位电路。
5. 时钟电路：单片机系统中的各个部分是在一个统一的时钟脉冲控制下有序地进行工作，时钟电路是单片机系统最基本、最重要的电路。
6. 机器周期：完成一个最基本操作（读或写）所需要的时间称为机器周期。
7. 程序存储器（ROM）：8051 共有 4096 个 8 位掩膜 ROM，用于存放用户程序、原始数据或表格。
8. 定时/计数器（ROM）：8051 有两个 16 位的可编程定时/计数器，以实现定时或计数产生中断用于控制程序转向。
9. 并行输入输出（I/O）口：8051 共有 4 组 8 位 I/O 口（P0、P1、P2 或 P3），用于对外部数据的传输。
10. 全双工串行口：8051 内置一个全双工串行通信口，用于与其他设备间的串行数据传送，该串行口既可以用作异步通信收发器，也可以当同步移位器使用。
11. 中断系统：8051 具备较完善的中断功能，有两个外中断、两个定时/计数器中断和一个串行中断，可满足不同的控制要求，并具有 2 级的优先级别选择。
12. 单片机的结构有两种类型：一种是程序存储器和数据存储器分开的形式，即哈佛（Harvard）结构；另一种是采用通用计算机广泛使用的程序存储器与数据存储器合二为一的结构，即普林斯顿（Princeton）结构。

习 题

一、填空

1. 单片机汇编语言程序有三种基本结构，分别是____、____和____。
2. MCS-51 单片机内部有____个位加 1 定时/计数器，可通过编程决定它们的工作方式，其中，可进行 13 位定时/计数的方式是____。
3. 真值－0000000B 的反码为____；其补码为____。
4. 单片机是一种将____、____和集成在一个芯片中的微型计算机。
5. MCS-51 单片机指令系统中共有 111 条指令，有五种指令类型，分别是：数据传送指令，____指令、____指令、____指令及____指令。
6. 单片机中断系统中共有____、____、____、____、____五个中断源，其中优先级最高的是____、优先级最低的是____。
7. CPU 和外设进行数据交换时常用的方式有____、____和____三种。

二、判断题

1. MOV A，R0，这是寄存器寻址方式。（   ）
2. 8051 单片机的 P0 口既可以作数据口线又可以作为地址口线。（   ）
3. CPU 和外设之间的数据传送方式主要有查询方式和中断方式，两者相比后者的效率更高。（   ）
4. 8051 内部有 4KB 的程序存储器。（   ）
5. CS-51 单片机共有两个时钟 XTAL1 和 XTAL2。（   ）

三、简答题

1. 简述 8051 单片机的片内并行接口的作用。

137

2. 简述单片机中断方式的流程图。
3. 简述 8051 单片机的内部组成结构。
4. 简述单片机的内部存储器的种类，并写出各自的寻址范围和容量。
5. 单片机外部 RAM 的分类有哪几种？外部 ROM 的分类有哪几种？

项目六 全车电路的识图

知识目标

1. 掌握汽车电器基础元件的特点和检测方法；
2. 掌握汽车电路中常用的图形符号、标志的具体含义；
3. 熟悉汽车电路的基本绘制方法与识图要领；
4. 能读懂汽车全车电路图；
5. 能分析线路电流走向。

任务一 汽车电器基础元件的认识与检测

问题导入

汽车全车线路由哪些部分组成？

任务描述

汽车电器元件的认识与检测。

任务分析

通过分析—计划—实施—评价—总结5个行动阶段，掌握汽车电器元件的相关知识和对其进行检测的基本技能，具备处理电路故障的基本素质。

知识分析

全车线路是将电源系统、启动系统、点火系统、照明和信号系统、仪表、电子装置以及辅助电器等，按照它们各自的工作特点和相互内在联系，通过开关、导线、保险装置等连接起来，构成的整体。

全车线路和一般电路一样,也是由电源、负载(用电设备)、导线、开关、保险装置等组成。其中,电源和用电设备已经在前面各章节详细介绍,下面简要介绍连接导线和其他部分。

一、汽车用电线

按承受电压的高低分类:高压导线和低压导线。

汽车电气设备的连接导线一般由铜质多丝软线外包绝缘层构成。高压线主要是指点火系统次级电路中连接点火线圈、配电器和火花塞之间的导线;其他元件的导线都是低压导线。

高压导线用来传送高压电,由于工作电压很高,电流强度较小,因此高压导线的绝缘包层很厚,耐压性能很好,但线芯截面积很小。国产汽车用高压导线有铜芯线和阻尼线两种。

1. 导线截面积的正确选择

根据用电设备的负载电流大小选择导线的截面积。具体见表6-1。

其一般原则为:长时间工作的电气设备可选用实际载流量60%的导线;短时间工作的用电设备可选用实际载流量60%~100%之间的导线。

同时,还应考虑电路中的电压降和导线发热等情况,以免影响用电设备的电气性能和超过导线的允许温度。

为保证一定的机械强度,一般低压导线截面积不小于$0.5mm^2$。

连接蓄电池与启动机之间的电缆线和蓄电池搭铁线,每100A电流所产生的电压降一般不超过0.1~0.15V,因此该导线截面积要足够大。蓄电池的搭铁线一般是铜丝编织而成的扁形软铜线。其余电路导线截面积具体见表6-2。

表6-1 各种铜芯导线标称截面积的允许载流量

铜芯电线截面积/mm^2	0.5	0.75	1.0	1.5	2.5	4	6	10	16	25	35	50
载流量(60%)/A	7.5	9.6	11.4	14.4	19.2	25.2	33	45	63	82.5	102	129
载流量(100%)/A	12.5	16	19	24	32	42	55	75	105	138	170	215

表6-2 汽车12V电系主要电路导线截面积选择的推荐值

汽车类型	标称截面积/mm^2	用途
轿车、货车、挂车	0.5	后灯、顶灯、指示灯、仪表灯、牌照灯、燃油表、雨刮器电机
	0.8	转向灯、制动灯、停车灯、分电器
	1.0	前照灯的单线(不接保险器)、电喇叭(3A以下)
	1.5	前照灯的电线束(接保险器)、电喇叭(3A以上)
	1.5~4	其他连接导线
	4~6	电热塞
	4~25	电源线
	16~95	启动机电缆

2. 导线的颜色

为便于安装和检修,不同用电设备和同一元件不同接线柱上的低压导线常用不同的颜色加以区分。汽车采用双色导线,主色为基础色,辅色为环布导线的条色带或螺旋色带,且标注时主色在前,辅色在后。以双色为基础选用时,各用电系统的电源线为单色,其余为双色,双色线的主色见表6-3。

3. 汽车线束

为使全车线路规整,安装方便及保护导线的绝缘,汽车上的全车线路除高压线、蓄电池电缆和启动机电缆外,一般将同区域的不同规格的导线用棉纱或薄聚氯乙烯带缠绕包扎成束,称为线束。如图6-1所示。

表6-3 低压导线的主色、代号和用途

系统名称(用途)	电线主色	代号
电气装置接地线	黑	B
点火启动系统	白	W
电源系统	红	R
灯光信号系统	绿	G
车身内部照明系统	黄	Y
仪表、报警指示和喇叭系统	棕	Br
前照灯、雾灯等外部照明系统	蓝	Bl
各种辅助电机及电气操纵系统	灰	Gr
收放音机、点烟器等系统	紫	V

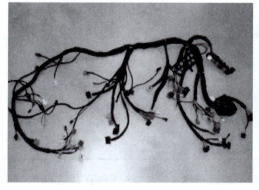 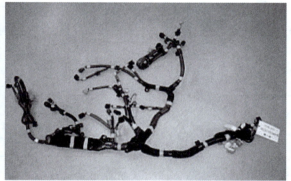

图6-1 汽车线束

(1)线束的包扎
① 电缆半叠包扎法,涂绝缘漆,烘干,以增加电缆的强度和绝缘性能。
② 新型线束,局部塑料包扎后放入侧切口的塑料波纹管内,使其强度更高,保护性能更好,查找线路故障方便。
(2)线束的安装 同一种车型的线束在制造厂里按车型设计制造好后,用卡簧或绊钉固定在车上的既定位置,其抽头恰好在各电气设备接线柱附近位置,安装时按线号装在其对应的接线柱上。各种车型的线束各不相同,同一车型线束按发动机、底盘和车身分多个线束。

二、开关装置

汽车上所有用电设备的接通和停止,都必须经过开关控制。对开关的要求是坚固耐用、安全可靠、操作方便、性能稳定。

1. 开关的符号

常见的电气开关符号如表6-4所示。

2. 点火开关

点火开关是汽车电路中最重要的开关,是各条电路分支的控制枢纽,是多挡多接线柱开关。其主要功能是:锁住转向盘转轴(Lock),接通点火仪表指示等(ON或IG),启动(ST或Start)挡,附件挡(Acc主要是收放机专用),如果用于柴油车则增加预热(HEAT)

表 6-4 常见开关符号

序号	图形符号	名称	序号	图形符号	名称
1		旋转旋钮开关	7		推拉多挡开关位置
2		液位控制开关	8		钥匙开关（全部定位）
3		机油滤清器报警开关	9		多挡开关，点火启动开关，瞬时位置为2能自动返回1
4		热敏开关动合触点	10		联动开关
5		热敏开关动合触点	11		手动开关的一般符号
6		旋转多挡开关位置	12		按钮开关

挡。其中启动、预热挡因为工作电流很大，开关不易接通过久，所以这两挡在操作时必须用手克服弹簧力，扳住钥匙，一松手就弹回点火挡，不能自行定位，其他挡均可自行定位。点火开关的结构及表示方法如图 6-2 所示。

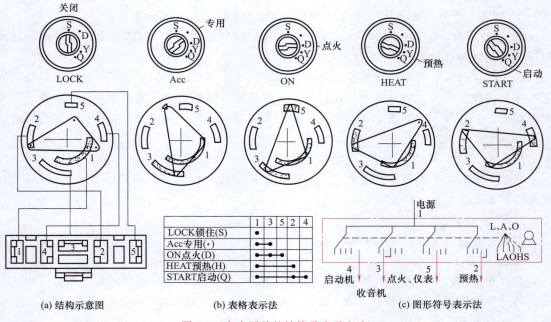

图 6-2 点火开关的结构及表示方法

3. 组合开关

多功能组合开关将照明（前照灯、变光）开关、信号（转向、危险警告、超车）开关、刮水器/清洗器开关等组合为一体，安装在便于驾驶员操纵的转向柱上。图6-3为日产轿车组合开关的挡位和接线柱关系。

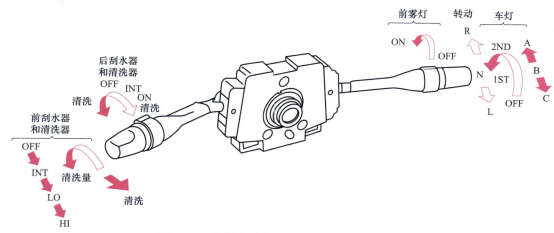

图6-3 日产轿车组合开关的挡位和接线柱关系

三、保险装置

当电路中流过超过规定的过大电流时，汽车电路保险装置能够切断电路，从而防止烧坏电路连接导线和用电设备，并把故障限制在最小范围内。汽车上的保险装置主要有：熔断器、易熔线和断路器。

1. 熔断器和易熔线符号

熔断线和易熔线符号如图6-4所示。

(a) 易熔线符号　　　　(b) 熔断器符号

图6-4 易熔线和熔断器符号

2. 易熔线

易熔线是一种大容量的熔断器，用于保护电源电路和大电流电路。其实物在发动机舱内的位置如图6-5所示。

图6-5 易熔线和实际位置

1—易熔线；2—蓄电池正极

注：① 绝对不允许换用比规定容量大的易熔线。
② 易熔线熔断，可能是主要电路发生短路，因此需要仔细检查，彻底排除隐患。
③ 不能和其他导线绞合在一起。

3. 熔断器（保险丝）

熔断器按结构形式分有金属丝式（缠丝式）、熔管式、绝缘式、插片式等多种形式，如图 6-6 所示为插片式和熔管式的熔断器。

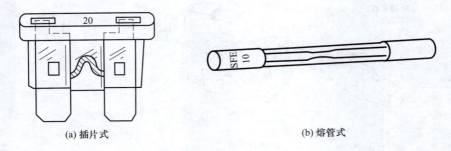

图 6-6 熔断器

（1）保险选用原则

保险装置标称值＝电路的电流值/0.8

例如，某电路设计的最大电流为 12A，应选用 15A 的保险。

（2）熔断器熔断后的应急修理　行驶途中的应急修理，可用细导线代替熔断器。一旦到达目的地或有新熔断器时，应及时换上。

注：① 更换熔断器，一定要用与原规定相同的熔断器。汽车上增加用电设备时，不要随意改用容量大的熔断器，最好另外再安装熔断器。

② 熔断器熔断，必须真正找到故障原因，彻底排除隐患。

③ 熔断器支架与熔断器接触不良会产生电压降和发热现象。如发现支架有氧化现象或脏污必须及时清理。

4. 断路器

断路器在电路中用于防止有害的过载（额外的电流）。断路器是机械装置，它利用两种不同金属（双金属）的热效应断开电路。如果额外的电流经过双金属带，双金属带弯曲，触点开路，阻止电流通过。当电路断路器冷却，触点再次闭合，电路导通。当无电流时，双金属带冷却而使电路重新闭合，电路断路器复位。

断路器的结构与断路器的工作位置如图 6-7 所示。

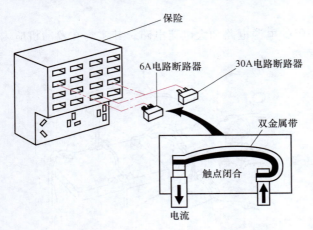

图 6-7 断路器的结构与断路器的工作位置

四、继电器

继电器可以实现自动接通或切断一对或多对触点，完成用小电流控制大电流，可以减小控制开关的电流负荷，保护电路中的控制开关。如进气预热继电

项目六 全车电路的识图

器、空调继电器、喇叭继电器、雾灯继电器、中间继电器、风窗刮水器/清洗器继电器、危险报警与转向闪光继电器等。其实物与符号表示如图6-8所示。

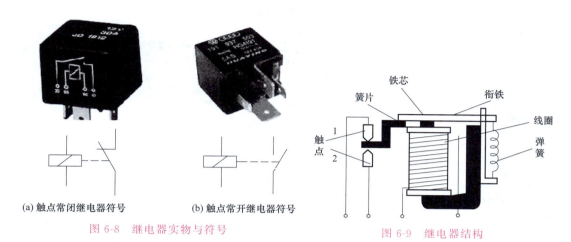

(a) 触点常闭继电器符号　　(b) 触点常开继电器符号

图6-8　继电器实物与符号　　　　图6-9　继电器结构

继电器分为常开继电器、常闭继电器和常开、常闭混合型继电器。继电器的每个插脚都有标号，与中央接线盒正面板的继电器插座的插孔标号相对应。基本的继电器结构如图6-9所示。不同型号的继电器结构可以参考表6-5。

表6-5　不同型号继电器的结构与电路表达方法

型号	外形	电路	引线标号	颜色
1T				黑
1M				蓝
2M				棕色
1M.1B				灰色

要想在原车上安装额外的电子附件,简单地接入已有的电路中可能会使保险装置或配线过载。采用继电器扩展可有效解决这一问题。具体如图 6-10 所示。

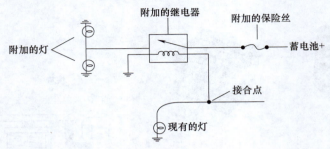

图 6-10　继电器的扩展连接方式

五、连接器

1. 连接器

连接器又叫插接器,现代汽车上使用很普遍。为防止在汽车行驶过程中脱开,均采用闭锁装置。

连接器的符号和实物如图 6-11 所示。

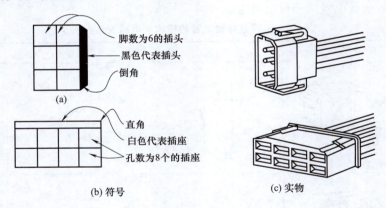

图 6-11　插接器的符号与实物

2. 连接器的拆卸

具体拆卸方法如图 6-12 所示。

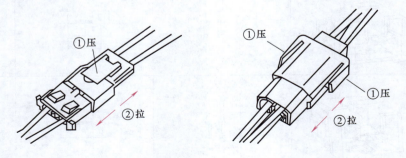

图 6-12　插接器的拆装

六、基础元件检测

1. 开关的检测

将开关拨到相应的位置,用万用表电阻挡检测对应的端子间电阻,接触电阻不能超出范围。

2. 保险的检查

可用观察法检查,也可用万用表电阻挡测量熔断器是否熔断。

3. 继电器检测

(1) 开路检测　采用万用表测阻法,以图 6-13 所示的继电器为例,用万用表 $R \times 100\Omega$ 挡检查:如果①脚-②脚通,③脚-④脚通,③脚-⑤脚电阻 ∞,则正常,否则有问题。引脚如图 6-13 所示。

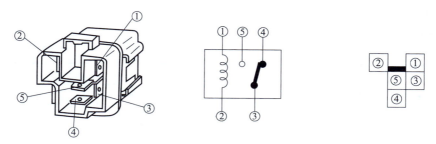

图 6-13　继电器引脚

(2) 加电检测　在①脚和②脚之间加 12V 电压,则③脚-④脚不通,③脚-⑤脚通,为正常。

4. 插接器的拆装与检测

① 断开蓄电池。
② 从其配对的一半/元件上断开插接器。
③ 压下黄色接头上的锁止凸舌,以松开端子。
④ 用专用工具压端子并将导线从插接器上拆下。
⑤ 修理或更换端子。

任务二　汽车电路图符号的认识

任务描述

汽车电路图符号认识

任务分析

通过分析—计划—实施—评价—总结 5 个行动阶段,掌握识别常见车型电器图符号的基本技能,通过"模式迁移"达到能够认识其他车型图形符号的目的,具备汽车识图的基本素质。

知识分析

汽车电路图是利用图形符号和文字符号，表示汽车电路构成、连接关系和工作原理，而不考虑其实际安装位置的一种简图，为了使电路图具有通用性，便于进行技术交流，构成电路图的图形符号和文字符号，是有统一的国家标准和国际标准的。要熟练阅读和运用汽车电路图必须了解图形符号和文字符号的含义、标注原则和使用方法。图形符号是用于电气图或其他文件中表示项目或概念的一种图形、标记或字符，是电气技术领域中最基本的工程语言。因此，为了读懂汽车电路图，应熟练掌握图形符号。

一、图形符号

1. 国内汽车常用的图形符号

见表 6-6。

表 6-6　国内汽车常用的图形符号

一、常用基本符号					
序号	名称	图形符号	序号	名称	图形符号
1	直流	——	6	中性点	N
2	交流	∼	7	磁场	F
3	交直流	≃	8	搭铁	⏚
4	正极	＋	9	交流发电机输出接柱	B
5	负极	－	10	磁场二极管输出端	D+
二、导线端子和导线连接					
11	接点	●	18	插头和插座	—(▬
12	端子	○	19	多极插头和插座（示出的为三极）	—(▬ —(▬ —(▬
13	导线的连接	—○—○—			
14	导线的分支连接	—●—			
15	导线的交叉连接	✛	20	接通的连接片	—○—○—
16	插座的一个极	—)	21	断开的连接片	○╱○
17	插头的一个极	—▬	22	屏蔽导线	—(○)—

续表

		三、触点开关				
23	动合（常开）触点		42	凸轮控制	
24	动断（常闭）触点		43	联动开关	
25	先断后合的触点		44	手动开关的一般符号	
26	中间断开的双向触点		45	定位开关（非自动复位）	
27	双动合触点		46	按钮开关	
28	双动断触点		47	能定位的按钮开关	
29	单动断双动合触点		48	拉拨开关	
30	双动断单动合触点		49	旋转、旋钮开关	
31	一般情况下手动控制		50	液位控制开关	
32	拉拨操作		51	机油滤清器报警开关	OP
33	旋转操作		52	热敏开关动合触点	$t°$
34	推动操作		53	热敏开关动断触点	$t°$
35	一般机械操作		54	热敏自动开关的动断触点	
36	钥匙操作		55	热继电器触点	
37	热执行器操作		56	旋转多挡开关位置	1 2 3
38	温度控制	t	57	推拉多挡开关位置	1 2 3
39	压力控制	p	58	钥匙开关（全部定位）	1 2 3
40	制动压力控制	BP	59	多挡开关、点火、启动开关，瞬时位置为2能自动返回到1（即2挡不能定位）	1 2 3 0.1
41	液位控制		60	节流阀开关	

续表

四、电器元件

编号	名称	符号	编号	名称	符号
61	电阻器		80	光电二极管	
62	可变电阻器		81	PNP型三极管	
63	压敏电阻器		82	集电极接管壳三极管（NPN）	
64	热敏电阻器		83	具有两个电极的压电晶体	
65	滑线式变阻器		84	电感器、线圈、绕组、扼流圈	
66	分路器		85	带铁芯的电感器	
67	滑动触点电位器		86	熔断器	
68	仪表照明调光电阻器		87	易熔线	
69	光敏电阻		88	电路断电器	
70	加热元件、电热塞		89	永久磁铁	
71	电容器		90	操作器件一般符号	
72	可变电容器		91	一个绕组电磁铁	
73	极性电容器				
74	穿心电容器		92	两个绕组电磁铁	
75	半导体二极管一般符号				
76	稳压二极管		93	不同方向绕组电磁铁	
77	发光二极管				
78	双向二极管（变阻二极管）		94	触点常开的继电器	
79	三极晶体闸流管		95	触点常闭的继电器	

续表

		五、仪表			
96	指示仪表	＊	103	转速表	n
97	电压表	V	104	温度表	$t°$
98	电流表	A	105	燃油表	Q
99	电压、电流表	A/V	106	车速里程表	V
100	欧姆表	Ω	107	电钟	
101	瓦特表	W	108	数字式电钟	
102	油压表	OP			
		六、传感器			
109	传感器的一般符号	＊	116	空气流量传感器	AF
110	温度表传感器	$t°$	117	氧传感器	λ
111	空气温度传感器	$t°_n$	118	爆震传感器	K
112	水温传感器	$t°_w$	119	转速传感器	n
113	燃油表传感器	Q	120	速度传感器	V
114	油压表传感器	OP	121	空气压力传感器	AP
115	空气质量传感器	m	122	制动压力传感器	BP

续表

		七、电气设备				
123	照明灯、信号灯、仪表灯、指示灯	⊗	139	常开电磁阀		
124	双丝灯		140	常闭电磁阀		
125	荧光灯		141	电磁离合器		
126	组合灯		142	用电动机操纵的怠速调整装置	M	
127	预热指示器		143	过电压保护装置	U>	
128	电喇叭		144	过电流保护装置	I>	
129	扬声器		145	加热器(出霜器)		
130	蜂鸣器		146	振荡器		
131	报警器、电警笛		147	变换器、转换器		
132	信号发生器	G	148	光电发生器	G	
133	脉冲发生器	G	149	空气调节器		
134	闪光器	G	150	滤波器		
135	霍尔信号发生器		151	稳压器	U const	
136	磁感应信号发生器		152	点烟器		
137	温度补偿器	$t°$ comp				
138	电磁阀一般符号		153	热继电器		

续表

		七、电气设备			
154	间歇刮水继电器		169	串励绕组	
			170	并励或他励绕组	
155	防盗报警系统		171	集电环或换向器上的电刷	
156	天线一般符号		172	直流电动机	
157	发射机		173	串励直流电动机	
158	收放机		174	并励直流电动机	
159	内部通信联络及音乐系统		175	永磁直流电动机	
			176	启动机（带电磁开头）	
160	收放机		177	燃油泵电动机、洗涤电动机	
161	天线电话		178	晶体管电动汽油泵	
162	收放机		179	加热定时器	
163	点火线圈		180	点火电子组件	
164	分电器		181	风扇电动机	
165	火花塞		182	刮水电动机	
166	电压调节器	U	183	电动天线	
167	转速调节器	n	184	直流伺服电动机	SM
168	温度调节器	t°			

续表

七、电气设备					
185	直流发电机	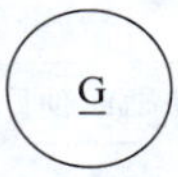 Ⓖ	190	外接电压调节器与交流发电机	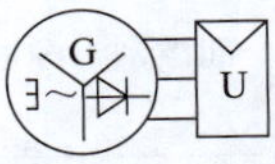
186	星形连接的三相绕组	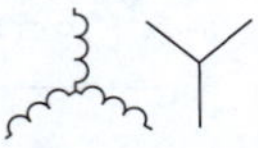	191	整体式交流发电机	
187	三角形连接的三相绕组		192	蓄电池	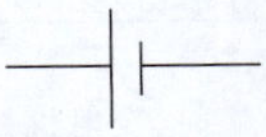 ⊣⊢
188	定子绕组为星形连接的交流发电机		193	蓄电池组	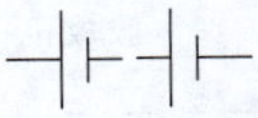 ⊣⊢⊣⊢
189	定子绕组为三角形连接的交流发电机				

另外，对标准中没有规定的符号，可以选取标准中给定的基本符号、一般符号和明细符号，按规定的组合原则进行派生，以构成完整的元件或设备的图形符号，但在图样的空白处必须加以说明，如表 6-7 所示。将天线的一般符号和直流电动机的一般符号进行组合，就构成了电动天线的图形符号。

表 6-7 电动天线的组合示例

图形符号	说　　明
	天线的一般符号
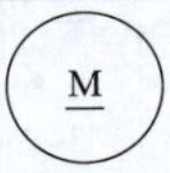 Ⓜ	直流电动机的一般符号
 Ⓜ	电动机天线的派生符号

2. 图形符号的使用原则

① 首先选用优选形。

② 在满足条件的情况下，首先采用最简单的形式，但图形符号必须完整。

③ 在同一份电路图中同一图形符号采用同一种形式。

④ 符号方位不是固定的，在不改变符号意义的前提下，符号可根据图面布置的需要旋转或成镜像放置，但文字和指示方向不得倒置。

⑤ 图形符号中一般没有端子代号，如果端子代号是符号的一部分，则端子代号必须画出。

⑥ 导线符号可以用不同宽度的线条表示，如电源线路（主电路）可用粗实线表示，控制、保护线路（辅助电路）则可用细实线表示。

⑦ 一般连接线不是图形符号的组成部分，方位可根据实际需要布置。

⑧ 符号的意义由其形式决定，可根据需要进行缩小或放大。
⑨ 图形符号表示的是在无电压、无外力的常规状态。
⑩ 图形符号中的文字符号、物理量符号，应视为图形符号的组成部分。当用这些符号不能满足标注时，可按有关标准加以补充。
⑪ 电路图中若未采用规定的图形符号，必须加以说明。

二、文字符号

文字符号由电气设备、装置和元器件的种类（名称）字母代码和功能（与状态、特征）字母代码组成。用于电气技术领域中技术文件的编制，也可标注在电气设备、装置和元器件上或其近旁，以表明电气设备、装置和元器件的名称、功能、状态和特征。此外，还可与基本图形符号和一般图形符号组合使用，以派生新的图形符号。

文字符号分为基本文字符号和辅助文字符号两大类，基本文字符号又分为单字母符号和双字母符号。

1. 基本文字符号

（1）单字母符号　单字母符号是按拉丁字母将各种电气设备、装置和元器件划分为二十三大类，每大类用一个专用单字母符号表示，如"C"表示电容器类，"R"表示电阻类等。

（2）双字母符号　双字母符号是由一个表示种类的单字母符号与另一字母组成，其组合形式应以单字母符号在前而另一字母在后的次序列出，如："R"表示电阻，"RP"就表示电位器，"RT"表示热敏电阻；"G"表示电源、发电机、发生器，"GB"就表示蓄电池，"GS"表示同步发电机、发生器，"GA"表示异步发电机。

常用的基本文字符号见表 6-8。

表 6-8　基本文字符号

设备、装置元器件种类	举例	基本文字符号	
		单字母	双字母
组件 部件	分离元件放大器调节器	A	
	电桥		AB
	晶体管放大器		AD
	集成电路放大器		AJ
	印刷电路板		AP
	抽屉柜		AT
	支架盘		AR
非电量到电量变换器或 电量到非电量变换器	送话器 扬声器 晶体换能器	B	
	压力变换器		BP
	温度变换器		BT
电容器	电容器	C	
二进制元件、延迟器件、存储器件	数字集成电路和器件	D	
其他元器件	其他元器件	E	
	发热器件		EH
	照明灯		EL
保护器件	过电压放电器件避雷器	F	
	熔断器		FU
	限压保护器件		FV

续表

设备、装置元器件种类	举例	基本文字符号	
		单字母	双字母
发生器 发电机 电源	振荡器	G	
	发生器		GS
	同步发电机		
	异步发电机		GA
	蓄电池		GB
信号器件	声响指示	H	HA
	光指示器		HL
	指示灯		HL
继电器 接触器	交流继电器	K	KA
	双稳态继电器		KL
	接触器		KM
	簧片继电器		KR
电感器 电抗器	感应线圈	L	
	电抗器		
电动机	电动机	M	
	同步电动机		MS
	力矩电动机		MT
模拟元件	运算放大器	N	
	混合模拟/数字器件		
测量设备 试验设备	指示器件信号发生器	P	
	电流表		PA
	(脉冲)计数器		PC
	电度表		PJ
	电压表		PV
电力电路的开关器件	断路器	Q	QF
	电动机保护开关		QM
	隔离开关		QS
电阻器	电阻器	R	
	变阻器		
	电位器		RP
	热敏电阻器		RT
	压敏电阻器		RV
控制、记忆、信号电路的开关器件选择器	控制开关 选择开关	S	SA
	按钮开关		SB
	压力传感器		SP
	位置传感器		SQ
	温度传感器		ST
变压器	电流互感器	T	TA
	控制电路电源用变压器		TC
	电力变压器		TM
	电压互感器		TV
电子管 晶体管	二极管	V	
	晶体管		
	晶闸管		
	电子管		VE
传输通道波导天线	导线	W	
	母线		
	波导		
	天线		

续表

设备、装置元器件种类	举例	基本文字符号	
		单字母	双字母
端子 插头 插座	连接插头和插座 接线柱焊 接端子板	X	
	连接片		XB
	测试插孔		XJ
	插头		XP
	插座		XS
	端子板		XT
电气操作的机械器件	气阀	Y	
	电磁铁		YA
	电动阀		YM
	电磁阀		YV
终端设备 混合变压器 滤波器 均衡器 限幅器	晶体滤波器	Z	

2. 辅助文字符号

辅助文字符号表示电气设备、装置和元器件以及线路的功能、状态和特征。如"SYN"表示同步,"L"表示限制左或低,"RD"表示红色,"ON"表示闭合,"OFF"表示断开等。

常用辅助文字符号见表6-9。

表6-9 常用辅助文字符号

序号	文字符号	名称	序号	文字符号	名称
1	A	电流	21	DC	直流
2	A	模拟	22	DEC	减
3	AC	交流	23	E	接地
4	A AUT	自动	24	EM	紧急
			25	F	快速
5	ACC	加速	26	FB	反馈
6	ADD	附加	27	FW	正,向前
7	ADJ	可调	28	GN	绿
8	AUX	辅助	29	H	高
9	ASY	异步	30	IN	输入
10	B BRK	制动	31	INC	增
			32	IND	感应
11	BK	黑	33	L	左
12	BL	蓝	34	L	限制
13	BW	向后	35	L	低
14	C	控制	36	LA	闭锁
15	CW	顺时针	37	M	主
16	CCW	逆时针	38	M	中
17	D	延时(延迟)	39	M	中间线
18	D	差动	40	M MAN	手动
19	D	数字			
20	D	降低	41	N	中性线

续表

序号	文字符号	名称	序号	文字符号	名称
42	OFF	断开	57	S	信号
43	ON	闭合	58	ST	启动
44	OUT	输出	59	S	置位,定位
45	P	压力		SET	
46	P	保护	60	SAT	饱和
47	PE	保护搭铁	61	STE	步进
48	PEN	保护搭铁与中性线共用	62	STP	停止
49	PU	不搭铁保护	63	SYN	同步
50	R	记录	64	T	温度
51	R	右	65	T	时间
52	R	反	66	TE	无噪声(防干扰)搭铁
53	RD	红	67	V	真空
54	R	复位	68	V	速度
	RST		69	V	电压
55	RES	备用	70	WH	白
56	RUN	运转	71	YE	黄

3. 文字符号的使用规则

① 单字母符号应优先选用。

② 只有当用单字母符号不能满足要求,需要将大类进一步划分时,才采用双字母符号,以便较详细和更具体地表述电气设备、装置和元器件等。如"F"表示保护器类,"FU"表示熔断器,"FV"表示限压保护器件。

③ 辅助文字符号也可放在表示种类的单字母符号后边组成双字母符号,如"ST"表示启动,"DC"表示直流,"AC"表示交流。为简化文字符号,若辅助文字符号由两个字母组成时,允许只采用其第一位字母进行组合,如"MS"表示同步电动机,"MS"中的"S"为辅助文字符号"SYN"(同步)的第一位字母。辅助文字符号还可以单独使用,如"ON"表示接通,"N"表示中性线,"E"表示搭铁,"PE"表示保护搭铁等。

三、图形符号、文字符号的识读

对于基本的元器件,其图形符号、文字符号都是相同的,如电阻、电容、照明灯、蓄电池等。

由于目前国际上还没有汽车电气设备图形符号、文字符号的统一标准,各个汽车生产厂家对某些汽车电器所采用的图形符号、文字符号有所不同,与标准规定有一些差异,这给识读电路图造成一定困难,但图形符号基本结构的组成是相似的,只要了解它们的区别,就能避免识读错误。下面通过具体示例来说明不同车型在表示同一元器件的图形符号时,在汽车电路图中的差异。

如图 6-14 所示,表示导线连接的两种形式。上海桑塔纳、南京依维柯采用图 6-14(a)所示形式,神龙富康、天津夏利则采用图 6-14(b)所示形式。

汽车都装有硅整流发电机和电压调节器,不同的是有的采用内装式,有的采用外装式,即使同一结构形式,不同的车型所采用的电路图形符号也有所不同。

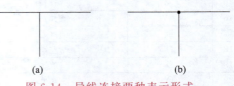

图 6-14 导线连接两种表示形式

图 6-15 为富康轿车内装调节器硅整流发电机的图形符号；图 6-16 为夏利轿车内装调节器硅整流发电机的图形符号（国家标准规定的符号）。

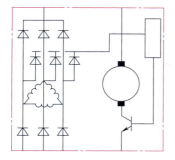

图 6-15　富康轿车硅整流发电机图形符号

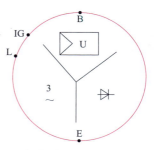

图 6-16　夏利轿车硅整流发电机图形符号

现代汽车上都装有用于启动发动机的启动机，且中、小型汽车启动机的结构基本相同，但在不同车型的电路图中，所采用的符号差别很大。图 6-17 为天津夏利轿车启动机的图形符号；图 6-18 为富康轿车启动机的图形符号，两者与表 6-6 国家标准中规定的图形符号差异较大。

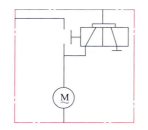

图 6-17　夏利轿车启动机图形符号

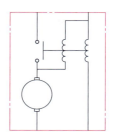

图 6-18　富康轿车启动机图形符号

很多车上都装有三挡四接柱的点火开关，其表示方法采用方框符号，表示接线柱和挡位的符号有两种，如图 6-19 所示；上海桑塔纳则采用与前两者截然不同的另一种符号，如图 6-20 所示。

	1	2	3	4
Ⅲ	○—○—○			
0				
Ⅰ		○—○—○		
Ⅱ		○—○—○—○		

	AM	ACC	IG	ST
LOCK	○—○—○			
ACC				
ON	○—○—○			
START	○—○—○—○			

图 6-19　点火开关图形符号

通过上述示例可知，汽车电路图形符号目前还没有统一的标准，国产汽车制造企业大都采用电气技术行业标准，而合资汽车制造企业大都沿用国外的原标准，所以在识图过程中应不断地总结经验，找出不同的电路中采用的图形符号有哪些相同点和不同点，这样可以提高读图速度。

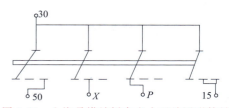

图 6-20　上海桑塔纳轿车点火开关图形符号

任务实施

结合各种车型的电路图，对汽车电气图形符号进行认识。

结合实车或电器试验台架，对仪表板上汽车开关和警示灯的标志进行认识。

工作单

课程：汽车电器与电路分析 工作任务：汽车电路图符号的认识 任务单元：大众汽车电路图形符号的认识		姓名： 日期：	班级： 学号：
设备、工具和材料准备		大众汽车电路图或汽车电气图形符号表	
技术标准及要求		熟练识读汽车电气图形符号	

操作与考核

序号	考核内容	配分	评分标准	考核记录	得分
1	汽车电气图形符号相关知识	100	正确指出大众汽车电器图形符号的名称		
教师签字				日期	

任务三　汽车电路图的识读

任务描述

常见的汽车电路分析。

任务分析

通过分析—计划—实施—评价—总结 5 个行动阶段，掌握汽车电路图的识读方法，通过"模式迁移"达到拓展识读所有车型电路图的目的，具备根据汽车电路图快速查找处理汽车电器故障的基本技能。

知识分析

一、汽车电路图的识读方法

汽车电气与电子设备是汽车重要的组成部分，其工作性能的优劣直接影响汽车的动力性、经济性、安全性、可靠性、舒适性和排气净化等。汽车的种类繁多，但电气系统的组成和设计都遵循一定的规律。

汽车电气设备的主要组成是电源系统、用电设备和配电装置。

汽车电气设备可以分为电源系统、启动系统、点火或预热系统、照明和信号系统、仪表和警报装置、辅助电气设备、舒适系统和通信安全装置、电子控制装置等。

配电装置包括中央接线盒、电路开关、保险装置、插接器和导线等。

汽车电气设备的共同特点：两个电源、低压直流、并联单线和负极搭铁。

二、汽车电路图的种类

汽车电路图有部分电路和整车电路之分。部分电路即局部电路，也称单元电路，通常有电源电路、启动电路、点火电路、照明电路、信号及仪表电路等；整车电路即汽车电器总电路，通常将汽车上各种用电设备按照它们各自的工作特点和相互关系，通过各种开关、保险装置，用导线把它们合理地连接起来而构成一个整体电路。

现代的汽车电路种类繁多，电路图按车型不同，也存在一定差别，归纳起来汽车电路图主要有线路图（布线图）、电路原理图和线束图。

三、汽车电路分析

1. 汽车电路图的识读要求

（1）注意搭铁极性　识读汽车电路图时，首先要注意搭铁极性。汽车电路一般为单线制，且绝大多数为负极搭铁（接地），即电源负极是与整车的金属机体相连的，各用电设备之间是相互并联的，工作电流从电源的正极—保险器—导线—开关—用电设备—搭铁（电源负极），形成闭合回路。

发电机电路

（2）化整为零　要善于化整为零，即把整车电路划分成各个局部电路，再弄清楚各导线、开关、熔丝和各用电设备的作用。

对于采用微电脑（ECU）控制的汽车，应先了解 ECU 各引角的主要功能、各传感器件的作用，还要知道电子控制系统与有关机械部件之间的相互关系。

（3）善于应用各种图表　汽车说明书和电路图所附的图表往往给出一些汽车的基本情况。接地图表示电路如何接到汽车底盘或车架上，接地一般以"G"表示。连接器图可表示每一个连接器的位置和它的连接终端、引角，连接器一般以"C"表示。有时会在图上或表中给出每个连接器上电参数（电压、电流或电阻）的标准值，以便在诊断时进行比较和判断。

（4）注意线与线的关系　在阅读线路图时，应特别注意线与线之间的关系，是交叉而过的，还是交接的。两线或数线的交接一般用点"·"表示。应注意的是：电线进入连接器后，会有另外的符号。

2. 典型汽车电器电路

以桑塔纳为例，标有"30"的为正常火线，电压为12V，即与蓄电池直接相连，中间不经过任何开关，不论是停车时或发动机处于熄火均有电。专供发动机熄火时也需要用电的电器使用，如停车灯、制动灯、报警灯、顶灯、冷却风扇电动机等。标有"15"的小容量电器火线，它是在接通点火开关后方能有电的火线。标有"X"的为车辆起步时方可接通的大容量电器用火线，如供启动发动机用；而标有"31"的为中央线路板内搭铁线。

点火电路

如图 6-21 所示为上海大众汽车电路原理图的结构说明，从中可以看出其电路图的组成部分及相关内容的含义。

交流发电机、蓄电池、启动机——本页所表示电路的名称

桑塔纳 2000GSi
电路图

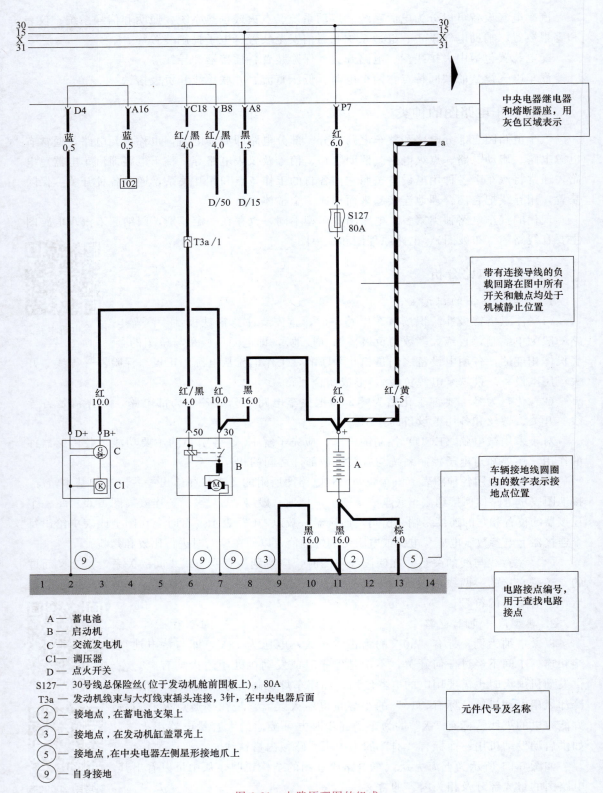

图 6-21 电路原理图的组成

如图 6-22 所示为德国大众汽车原理图的图例说明，首先应仔细看清每个细节，然后通过练习加以巩固。

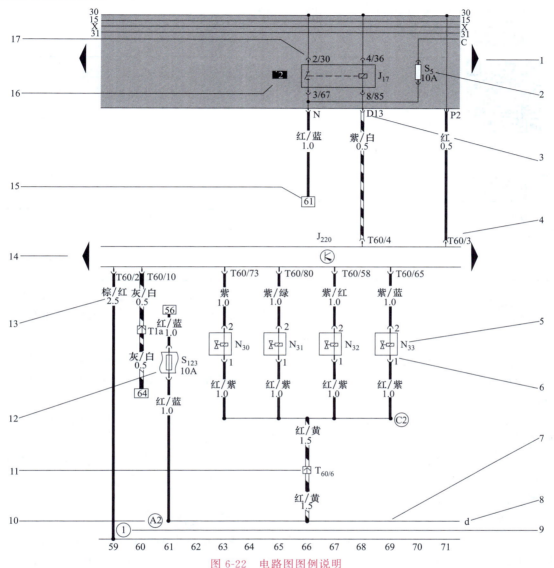

图 6-22 电路图图例说明

1—三角箭头，表示接下一电路图；
2—熔断器代号，S_5 表示该熔断器位于熔断器座第 5 号位，10A；
3—继电器板上插头连接代号，表示多针或单针插头连接和导线的位置，D_{13} 表示多针插头连接，D 位置触点 13，在继电器板的背面可找到其位置；
4—接线端子代号，表示电器元件上接线端子数/多针插头连接触点号码，$T_{80/3}$ 表示 80 针插头的 3 号位触点；
5—元件代号，在电路图下方可以查到元件名称，N_{33} 为第四缸喷油器；
6—元件符号，在电路图符号表上可查到元件名称，电磁阀符号；
7—内部接线（细实线），该线并不是作为导线设置的，而是表示元件或导线内部的电路；
8—指示内部接线的去向，字母表示内部接线在下一页电路图中与标有相同字母的接线相连；
9—接地点代号，在电路图的下方可查到该代号接地点在汽车上的位置；
10—线束内连接线的代号，在电路图的下方可查到该不可拆式连接位于哪个导线线束内；
11—插头连接，$T_{8a/6}$ 表示 8 针 a 插头触点 6；
12—附加熔断器代号，S_{123} 表示在中央电器附加继电器板上第 23 号熔断器，10A；
13—导线的颜色和截面积，mm^2；
14—三角箭头，表示元件连接上一页电路图；
15—指示导线去向，框内的数字表示导线连接哪个接点标号；
16—继电器位置编号，表示继电器板上继电器位置的编号；
17—继电器板上继电器或控制器接线代号，该代号表示继电器多针插头的各个触点，图中 2/30 表示：2 为继电器板上 2 号位插口的触点 2，30 为继电器/控制器上的触点 30。

汽车电工电子技术基础

任务实施

针对常见车型的汽车电路图,通过读图和分析,掌握电路原理。

工作单

空调电路

课程:汽车电器与电路分析 工作任务:典型汽车电器电路分析 任务单元:大众汽车电路图的识读		姓名:	班级:
		日期:	学号:
设备、工具和材料准备		大众汽车电路图	
技术标准及要求		熟练识读汽车电器电路图	

操作与考核

序号	考核内容	配分	评分标准	考核记录	得分
1	汽车电器电路原理和连接特点	100	正确分析电路电流流向和电器件连接特点		
教师签字				日期	

小 结

1. 汽车用导线按承受电压的高低分类:高压导线和低压导线。

2. 汽车电气设备的连接导线一般由铜质多丝软线外包绝缘层构成。高压线主要是指点火系统次级电路中连接点火线圈、配电器和火花塞之间的导线;其他元件的导线都是低压导线。

3. 汽车导线颜色:汽车采用双色导线,主色为基础色,辅色为环布导线的条色带或螺旋色带,且标注时主色在前,辅色在后。

4. 汽车线束:汽车线束为使全车线路规整,安装方便及保护导线的绝缘,汽车上的全车线路除高压线、蓄电池电缆和启动机电缆外,一般将同区域的不同规格的导线用棉纱或薄聚氯乙烯带缠绕包扎成束。

5. 汽车上所有用电设备的接通和停止,都必须经过开关控制。

6. 点火开关是汽车电路中最重要的开关,是各条电路分支的控制枢纽,是多挡多接线柱开关。其主要功能是:锁住转向盘转轴(Lock),接通点火仪表指示等(ON 或 IG),启动(ST 或 Start)挡,附件挡(Acc 主要是收放机专用)。

7. 组合开关:多功能组合开关将照明(前照灯、变光)开关、信号(转向、危险警告、超车)开关、刮水器/清洗器开关等组合为一体,安装在便于驾驶员操纵的转向柱上。

8. 保险装置:当电路中流过超过规定的过大电流时,汽车电路保险装置能够切断电路,从而防止烧坏电路连接导线和用电设备,并把故障限制在最小范围内。汽车上的保险装置主要有:熔断器、易熔线和断路器。

9. 易熔线是一种大容量的熔断器,用于保护电源电路和大电流电路。

10. 熔断器按结构形式分有金属丝式(缠丝式)、熔管式、绝缘式、插片式等多种形式。

11. 断路器在电路中用于防止有害的过载(额外的电流)。

12. 继电器:继电器可以实现自动接通或切断一对或多对触点,完成用小电流控制大电流，可以减小控制开关的电流负荷，保护电路中的控制开关。如进气预热继电器、空调继电器、喇叭继电器、雾灯继电器、中间继电器、风窗刮水器/清洗器继电器、危险报警与转向闪光继电器等。

13. 继电器分为：常开继电器，常闭继电器和常开、常闭混合型继电器。继电器的每个插脚都有标号，与中央接线盒正面板的继电器插座的插孔标号相对应。

14. 连接器又叫插接器，现代汽车上使用很普遍。为防止在汽车行驶过程中脱开，均采用闭锁装置。

15. 汽车电路图是利用图形符号和文字符号，表示汽车电路构成、连接关系和工作原理，而不考虑其实际安装位置的一种简图，为了使电路图具有通用性，便于进行技术交流，构成电路图的图形符号和文字符号，是有统一的国家标准和国际标准的。

16. 文字符号由电气设备、装置和元器件的种类（名称）字母代码和功能（与状态、特征）字母代码组成。用于电气技术领域中技术文件的编制，也可标注在电气设备、装置和元器件上或其近旁，以表明电气设备、装置和元器件的名称、功能、状态和特征。

17. 辅助文字符号表示电气设备、装置和元器件以及线路的功能、状态和特征。如"SYN"表示同步，"L"表示限制左或低，"RD"表示红色，"ON"表示闭合，"OFF"表示断开等。

18. 汽车电路图有部分电路和整车电路之分。部分电路即局部电路，也称单元电路，通常有电源电路、启动电路、点火电路、照明电路、信号及仪表电路等；整车电路即汽车电器总电路，通常将汽车上各种用电设备按照它们各自的工作特点和相互关系，通过各种开关、保险装置，用导线把它们合理地连接起来而构成一个整体电路。

习　题

一、填空题

1. 汽车用导线按承受电压的高低分类：_____和_____。

2. 当熔断器断了以后，更换新的熔断器时，必须选用_____正确的熔断器，否则对电路及用电设备是有害的。

3. 断电器是利用_____的原理制成的。

4. 继电器分为：_____，_____和常开、常闭混合型继电器。

5. 桑塔纳轿车电路中"30"线为_____，直接与_____连接。"15"号线为_____挡控制的相线，"X"号线为_____，"31"号线为_____。

6. 国产车的电路图中，每根导线都有线夹标记，如导线上有W/R，则表示该导线为_____色带_____色条纹的导线。

7. 汽车上的保险装置主要有：_____、_____和_____。

8. 断电器用于正常工作时容易_____的电路中。

9. 汽车电路中，用大量的继电器来控制电路的_____和_____，它的主要作用是用流经开关的小电流，通过继电器的_____，来控制流过用电设备的_____，这样可以提高开关的使用寿命。

10. 在全车电路中，分线束与分线束之间、线束与用电设备之间、线束与开关之间的连接都采用_____。

11. 为保证一定的机械强度，一般低压导线截面积不小于_____。

12. _____是由电气设备、装置和元器件的种类（名称）字母代码和功能（与状态、特征）字母代码组成。

二、问答题

1. 简单叙述阅读电路图应掌握什么原则？

2. 汽车电路图有哪些种类？各有何特点？

3. 安装线束时应注意哪些问题？

4. 如何用万用表检查导线、开关和电路保护装置？

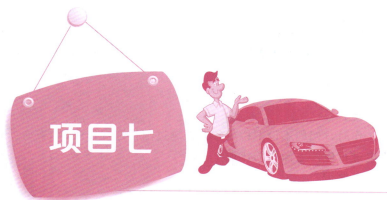

项目七 安全用电

日常生活中，电的应用越来越广泛，但如果使用不当，现实生产与生活中的电气事故已屡见不鲜，每年因为触电事故对人身造成了很大的伤害，为了避免触电事故，本单元主要任务是学习安全用电等相关知识。

知识目标

1. 认识安全用电的意义；
2. 了解触电类型；
3. 了解人体安全电压电流；
4. 了解触电之后急救措施。

任务一 安全用电基本知识（一）

一、触电的基本知识

1. 触电的原因

日常生活中的触电事故多种多样，大多是由于人体直接接触带电体或者设备发生故障，以及人体过于靠近带电体等引起的。当人体触及带电体，或者带电体与人体之间闪击放电、电弧触及人体时，电流通过人体进入大地或其他导体，形成导电回路，这种情况称为触电。触电的主要原因有以下几方面。

（1）缺乏用电常识　缺乏用电常识的主要表现是不懂电气知识或安全用电技术，而又摆弄电器、乱接电器、乱拉电线或胡乱修理电器的不规范操作。

① 接线时误将相线接到外壳上。
② 带电移动或检修电机、水泵、电灯、电扇及其他临时用电设备。
③ 用手触及设备或元器件的带电部位或用手拿断落在地面的带电导线。
④ 用湿手检修或操作电气设备。

⑤ 用棍棒等代替绝缘工具操作跌落式熔断器。
⑥ 过于接近高压设备或在高压线处作业而误触高压导线。

(2) 违章作业　违章作业主要表现为不按照规定和要求进行电气操作，擅自扩大作业范围等。

① 不使用防护用具带电作业。
② 使用电动工具不戴绝缘手套。
③ 在室外地面高压设备上工作时，四周不设围栏或移开、越过围栏进行作业。
④ 带负荷拉隔离开关或带电进行应停电操作的作业。
⑤ 安全距离不够或检修中无人监护。
⑥ 熔体容量选用过大，随意用铜丝代替熔体或保护装置未调整好。
⑦ 中性线过细或中性线接触不良、线头松脱。
⑧ 该装熔断器或其他保护装置的场合不予安装。
⑨ 不采取安全措施，在带电线路下方穿越放线。

(3) 工作态度不认真，思想麻痹　工作态度不认真，思想麻痹主要表现为部分电气工作人员工作马虎，缺乏安全意识，抱有侥幸心理和处处不在乎的态度。

① 认为安全措施多余、麻烦。
② 作业中不遵守操作规程。
③ 敬业精神差，操作和作业时缺乏认真细致的检查与测试。
④ 发现异常不按规程进行处理，埋下事故隐患及心存侥幸冒险心理。

(4) 环境恶劣　环境恶劣主要表现为工作场所潮湿、带有粉尘、堆积杂物、建筑施工混乱等。

① 电气设备处于光线昏暗或光线过强、狭窄、无通风场所。
② 电气设备处于潮湿或高温场所。
③ 作业场地烟雾弥漫，视物不清。
④ 危险场所作业时没有采用安全的电压。
⑤ 电气设备处于易受机械损伤或鼠害的场所。
⑥ 在危险场所作业，无人监视以及工具、制品、材料堆放不安全。

(5) 操作错误，忽视安全警告　操作错误，忽视安全警告主要表现为不按规程操作电气设备，不注意各种安全标志的摆放和警告处理等。

① 未经许可开动、关停和移动机器。
② 开动、关停机器时不给信号。
③ 忘记关闭设备或开关未锁紧，造成意外转动、通电或泄漏。
④ 按钮、阀门扳手或手柄等操作错误。
⑤ 忽视警告标志或警告信号。
⑥ 机器超速运转。
⑦ 用手代替工具进行操作。
⑧ 拆除安全装置或调整错误造成安全装置失效。

(6) 电气设备不合格　电气设备不合格主要表现为安装了不合格的电气设备。

① 为省钱使用废旧或绝缘破损的不合规格导线做电源线。
② 临时用电时采用几段电源线相接，连接处一般铰接不紧。

③ 导线裸露处和连接处不使用绝缘胶带包扎。

④ 户外电源线支撑柱不牢、架设高度过低或垂度过大，容易碰断或与电话线、电视天线等交搭。

⑤ 室内电源线分布凌乱、线径过细。

⑥ 选用价格低、质量差的假冒伪劣电气产品，为触电及火灾造成隐患。

2. 触电方式

触电是指人体触及带电体后，电流对人体造成的伤害。它有两种类型，即电击和电伤。常见的触电方式有以下几种。

① 单相触电。当人站在地面上或其他接地体上，人体的某一部位触及一相带电体时，电流通过人体流入大地（或中性线），称为单相触电，如图 7-1 所示。

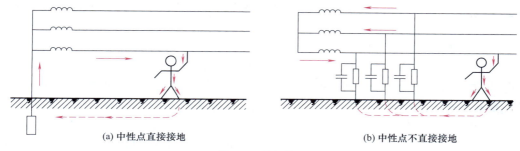

图 7-1　单相触电

② 两相触电。如果人体同时触及三相电源的两根相线，称为两相触电，如图 7-2 所示。两相触电加在人体上的电压为线电压，不论电网的中性点是否接地，其触电的危险性都很大。

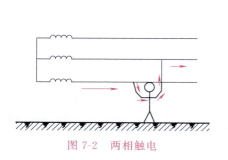

图 7-2　两相触电

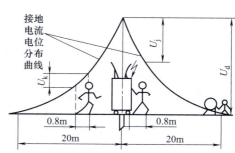

图 7-3　跨步电压和接触电压触电

③ 跨步电压触电。当带电体接地时有电流向大地流散，在以接地点为圆心、半径 20m 的圆面积内形成分布电位。人站在接触点周围，两脚之间（以 0.8m 计算）的电位差称为跨步电压 U_k，如图 7-3 所示，由此引起的触电事故称为跨步电压触电。

④ 接触电压触电。运行中的电气设备由于绝缘损坏或其他原因造成接地短路故障时，接地电流通过接地点向大地流散，会在以接地故障点为圆心、20m 为半径的范围内形成分布电位。当人触及漏电设备外壳时，电流通过人体和大地形成回路，造成触电事故，这称为接触电压触电。这时加在人体两点的电位差即接触电压 U_j（按水平距离 0.8m，垂直距离 1.8m 考虑），如图 7-3 所示。

⑤ 感应电压触电。当人体触及带有感应电压的设备和线路时所造成的触电事故称为感

应电压触电。

⑥ 剩余电荷触电。剩余电荷触电是指当人体触及带有剩余电荷的设备时，带有电荷的设备对人体放电造成的触电事故。设备带有剩余电荷，通常是由于检修人员在检修电容器、电力电缆、电力变压器及大容量电动机等设备前、后没有对其充分放电造成的。

二、触电应采取的急救措施

触电急救方法

触电事故总是突然发生的，情况危机，刻不容缓。现场人员必须当机立断，用最快的速度，以正确的方法处理。首先是让触电者脱离电源，然后立即进行现场救护。只要方法得当，坚持不懈，多数触电者可以起死回生。因此，每个电气工作者和其他有关人员必须熟练掌握触电急救方法。

触电急救首先要使触电者迅速脱离电源。触电时间越长，触电者受到的危害就越大。

（1）低压触电脱离电源的方法

① 拉闸断开就近的电源开关或拔掉插头，断开电源。

② 如果距离开关很远时，可用有绝缘柄的工具以及干燥的木棒（或塑料、橡胶、棉制品等）挑开、推开、断开触电者接触的电线或电气设施。

③ 当电线搭落在触电人身上或被压在身下时，救护人可站在干燥木板上或绝缘垫上，用干燥的衣服、手套、麻绳、木板等绝缘品作为救护工具，拉开或挑开电线使之脱离电源。

（2）高压触电脱离电源的方法

① 立即通知供电单位紧急停电。

② 断开就近的高压断路器。

③ 穿好绝缘靴、戴好绝缘手套，用相应电压等级的绝缘工具按顺序拉开开关断电。

④ 抛掷挂接地线的方法，使线路短路接地跳闸，迫使保护装置动作，断开电源。

（3）脱离电源的注意事项

① 救护者不能直接用手去拉触电者，最好一只手操作，以防自身触电。

② 触电者在高处时应有防摔措施，也应注意触电人倒下的方向，避免触电人头部摔伤。

③ 如在夜间发生触电，应迅速安装临时照明。

④ 抛掷挂接地线的方法，使线路短路接地跳闸，迫使保护装置动作，断开电源。

（3）现场急救措施　当触电人脱离电源后，应根据触电者的具体症状，迅速进行现场救护。

① 根据触电者身体症状确定急救方法　触电者神志清醒，可以回答问话，全身无力、心慌、四肢发麻，应立即就地休息，不可走动，以减轻心脏负担，同时应迅速请医生前来诊治或将其送往医院。

触电者神志不清，已失去知觉，如呼吸正常应将其抬到空气流通且干燥温暖的地方安静地平躺，解开衣扣，暂不做人工呼吸并迅速请医生到现场诊断治疗，医生到来之前应对其仔细观察；如出现呼吸困难应立即进行人工呼吸。

已失去知觉、呼吸困难的触电人，应立即进行人工呼吸，医生到来之前不能停止人工呼吸急救。

呼吸或心脏跳动都已停止的触电者，应立即施行人工呼吸和胸外心脏按压，中间不得间歇和停止，直至医生到达现场急救。然后尽快送到医院急救，途中不得停止人工呼吸和胸外心脏按压。

② 口对口（鼻）人工呼吸　在急救前应迅速清除触电者口腔内的食物或黏液以及假牙等，保持呼吸道通畅并将衣扣、裤带解开，不要使触电者直接躺卧在潮湿或混凝土地面上急救，人工呼吸应连续交替进行。如果触电人有极微弱自主呼吸时，人工呼吸仍需继续进行，直到呼吸正常为止。经医诊断没有救护希望时，才可停止急救，否则应继续进行。

口对口（鼻）人工呼吸时，应使触电者仰卧，使其头部充分后仰，鼻孔朝上，以使呼吸道畅通，如图7-4所示。

救护者一只手捏紧触电者的鼻孔，另一只手的拇指和食指掰开他的嘴，救护者深吸一口气后紧贴触电者的口向内吹气，如图7-5所示，时间约2s，使其胸部膨胀。

吹气后立即离开触电者的口，并放松触电者的嘴（鼻），让其自行呼吸约3s，触电人为年老体弱者或儿童时吹气用力要适度。

图7-4　人工呼吸的准备

图7-5　救护者向触电者嘴内吹气

③ 胸外心脏按压　胸外心脏按压是触电人心脏停止跳动后使心脏恢复跳动最有效的急救方法之一，如图7-6所示。采用胸外心脏按压时应使触电者仰卧在比较坚实的地方，姿势与口对口（鼻）呼吸法相同，具体方法如下。

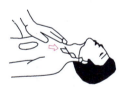
图7-6　胸外心脏挤压法

救护者跪在触电者一侧，两手相叠，手掌根部放在心窝上方，胸骨下1/3～1/2处。

掌根用力垂直向下（脊背方向）挤压，压出心脏里面的血液，用力要适中，不得太猛。对成人应压陷3～4cm，每分钟挤压60次；对儿童应用一只手挤压，用力要比成人稍轻一些，压陷1～2cm，每分钟挤压100次。

挤压后手掌根突然抬起，让触电者胸部自动复原，血液充满心脏，放松时掌根不要离开压迫点。

应当知道，心脏跳动和呼吸是相互联系且同时进行的，一旦呼吸和心脏跳动都停止了，应该及时交替进行口对口（鼻）人工呼吸和胸外心脏按压进行抢救，每吹气2～3次，挤压10～15次，且吹气和挤压的速度也要相应加快。

实验研究和统计表明，如果从触电后1min开始救治，则存活率为90%；如果从触电后6min开始抢救，则仅有10%的存活机会；而从触电后12min开始抢救，则存活的可能性极小。因此,当发现有人触电时,要争分夺秒,采用一切可能的办法。

任务二 安全用电基本知识(二)

电能可以为人类服务,为人类造福。但若不能正确使用电器,违反电气操作规程或疏忽大意,则可能造成设备损坏,引起火灾,甚至造成人身伤亡等严重事故。因此,懂得一些安全用电的常识和防触电的安全技术是必要的。

一、电流对人体的作用及有关概念

1. 电流对人体的作用

电流通过人体时,人体内部组织将产生复杂的作用。人体触电可分两种情况:一种是雷击和高压触电,较大的安培数量级的电流通过人体所产生的热效应、化学效应和机械效应,将使人的机体遭受严重的电灼伤、组织炭化坏死及其他难以恢复的永久性伤害;另一种是低压触电,在数十至数百毫安电流作用下,使人的肌体产生病理生理性反应,轻的有针刺痛感,或出现痉挛、血压升高、心律不齐以致昏迷等暂时性的功能失常,重的可引起呼吸停止、心跳骤停、心室纤维性颤动等危及生命的伤害。

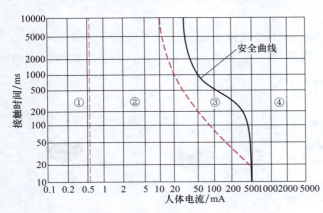

图 7-7 IEC 提出的人体触电时间和通过人体电流 (50Hz) 对人身机体反应的曲线

图 7-7 是国际电工委员会(IEC)根据当时科研新成果,于 1980 年提出的人体触电时间和通过人体电流(50Hz)对人身机体反应的曲线。由图可看出,人体触电反应可分为 4 个区域:①区——人体对触电无反应;②区——人体触电后有麻木感,但一般无病理生理性反应,对人体无害;③区——人体触电后,可产生心律不齐、血压升高、强烈痉挛等症状,但一般无器质性损伤;④区——人体触电后,可能发生心室纤维性颤动,严重的可导致死亡。因此通常将①、②、③区视为人身"安全区"。③区与④区间的一条曲线,称为"安全曲线"。但③区也不是绝对安全的,这一点必须注意。

2. 安全电流及其有关的因素

安全电流,也就是人体触电后最大的摆脱电流。对于安全电流值,各国规定并不完全一致,我国规定为 30mA(50Hz 交流),但是触电时间按不超过 1s 计,因此,这安全电流值也称为 30mA·s。由图 7-7 所示的安全曲线也可以看出,如果通过人体电流不超过 30mA·s 时,对人身机体不会有损伤,不致引起心室纤维性颤动和器质性损伤。如果通过人体电流达到 50mA·s 时,对人就有致命危险,而达到 100mA·s 时,一般会致人死亡。这 100mA 即为"致命电流"。

① 感知电流。感知电流是引起人的感觉的最小电流,人会有轻微的麻感,一般不会对人造成伤害,男性与女性平均感知电流有效值不同,男性约为 1.1mA,女性约为 0.7mA。

② 摆脱电流。摆脱电流是人触电后能自行摆脱的最大电流,男性平均摆脱电流为 9～16mA,女性平均摆脱电流为 6mA。

③ 安全电流。安全电流是人体流过该电流时,不会产生生命危险的最大电流,安全电流为 30mA。

④ 致命电流。致命电流是在较短时间内危及生命的电流。电流达到 50mA 以上就会有生命危险。

安全电流主要与下列因素有关。

① 触电时间。由图 7-7 的安全曲线可以看出,触电时间在 0.2s 以下和 0.2s 以上,电流对人体的危害程度是大有差别的。

② 电流性质。试验表明,直流、交流和高频电流通过人体时对人体的危害程度是不一样的,通常以 50～60Hz 的工频电流对人体的危害最为严重。

③ 电流路径。电流对人体的伤害程度,主要取决于心脏受损的程度。试验表明,不同路径的电流对心脏有不同的损害程度,而以电流从手到脚特别是从一只手到另一只手对人最为危险。

④ 体重和健康状况。健康的心脏和衰弱病人的心脏对电流损害的抵抗能力是大不一样的。人的心理状态、情绪好坏以及人的体重等,也使电流对人的危害程度有所差异。

3. 安全电压和人体电阻

安全电压,就是不致使人直接致死或致残的电压。我国国家标准 GB 3805—1983《安全电压》规定的安全电压等级如表 7-1 所示。表内的额定电压值,是由特定电源供电的电压系列,这个特定的电源是指用安全隔离变压器或具有独立绕组的变流器与供电干线隔离开的电源。表中所列空载上限值,主要考虑到某些重载的电气设备,其额定电压虽符合规定,但空载电压往往很高,如超过规定的上限值,仍不能认为符合安全电压标准。

表 7-1 安全电压 (GB 3805—1983)

安全电压(交流有效值)/V		选用举例
额定值	空载上限值	
42	50	在有触电危险的场所使用的手持式电动工具等
36	43	在矿井、多导电粉尘等场所使用的行灯等
24	29	
12	15	可供某些人体可能偶然触及的带电设备选用
6	8	

实际上,从电气安全的角度来说,安全电压与人体电阻是有关系的。人体电阻不仅与身体自然状况和人体部位有关,而且还与环境条件等因素有很大关系。通常人体电阻为 1000～2000Ω,人体电阻越大,受电流伤害越轻。电流触及细嫩潮湿的皮肤,电阻可降至 800Ω 以下。

人体电阻由体内电阻和皮肤电阻两部分组成。体内电阻约为 500Ω,与接触电压无关。皮肤电阻随皮肤表面状况而变化,一般取下限值 1700Ω(平均值为 2000Ω)。由于安全电流取 30mA,而人体电阻取 1700Ω,因此人体允许持续接触的安全电压为:

$$U_{saf} = 30\text{mA} \times 1700\Omega \approx 50\text{V}$$

这 50V（50Hz 交流有效值）称为一般正常环境条件下允许持续接触的"安全特低电压"。

4. 直接触电防护和间接触电防护

根据人体触电的情况将触电防护分为直接触电防护和间接触电防护两类。

① 直接触电防护。这是指对直接接触正常带电部分的防护，例如对带电导体加隔离栅栏或加保护罩等。

② 间接触电防护。这是指对故障时可带危险电压而正常时不带电的外露可导电部分（如金属外壳、框架等）的防护，例如将正常不带电的外露可导电部分接地，并设接地故障保护，用以切断电源或发出报警信号等。

二、电气安全与触电

在供用电工作中，必须特别注意电气安全。如果稍有麻痹或疏忽，就可能造成严重的人身触电事故，或者引起火灾或爆炸，给国家和人民带来极大的损失。

保证电气安全的措施如下：

① 加强电气安全教育。电能够造福于人，但如果使用不当，也能给人以极大危害，甚至致人死亡，因此必须加强电气安全教育，人人树立"安全第一"的观点，个个都做安全教育工作，力争供电系统无事故运行，防患于未然。

② 严格执行安全工作规程。国家颁布的安全工作规程，是确保工作安全的基本依据。只有严格执行安全工作规程，才能确保工作安全。例如在变配电所工作，就必须严格执行《电业安全工作规程（发电厂和变电所电气部分）》（DL408—1991）的有关规定。电气工作人员必须具备的条件：

a. 经医师鉴定，无妨碍工作的病症（体格检查约两年一次）。

b. 具备必要的电气知识，且按其职务和工作性质，熟悉《电业安全工作规程》的有关部分，并经考试合格。

c. 学会紧急救护法，特别要学会触电急救。

进行地电位带电作业时，人身与带电体间的安全距离不得小于表 7-2 的规定。

表 7-2 人身与带电体间的安全距离

电压等级/kV	10	35	66	110	220	330
安全距离/m	0.4	0.6	0.7	1.0	1.8①(1.6)	2.6

① 因受设备限制达不到 1.8 时，经主管生产领导（总工程师）批准，并采取必要措施后，可采用括号的数值 (1.6)。

在高压设备上工作，必须遵守下列各项：

a. 填用工作票或口头、电话命令。

b. 至少应有两人在一起工作。

c. 完成保证工作人员安全的组织措施和技术措施。

保证安全的组织措施有工作票制度，工作许可制度，工作监护制度，工作间断、转移和终结制度。保证安全的技术措施有停电、验电、装设接地线、悬挂标示牌和装设遮栏。

③ 严格遵循设计、安装规范。国家制订的设计、安装规范，是确保设计、安装质量的基本依据。例如进行工厂供电设计，就必须遵循国家标准 GB 50052—1995《供配电系统设

计规范》、GB 50053—1994《10kV 及以下变电所设计规范》、GB 50054—1995《低压配电设计规范》等一系列设计规范；而进行供电工程的安装，则必须遵循国家标准 GBJ 147—1990《电气装置安装工程·高压电器施工及验收规范》、GBJ 148—1990《电气装置安装工程·电力变压器、油浸电抗器、互感器施工及验收规范》、GB 50168—1992《电气装置安装工程·电缆线路施工及验收规范》、GB 50173—1992《电气装置安装工程·35kV 及以下架空电力线路施工及验收规范》等施工及验收规范。

④ 加强运行维护和检修试验工作。加强供用电设备的运行维护和检修试验工作，对于供用电系统的安全运行，也具有很重要的作用。这方面也应遵循有关的规程、标准。例如电气设备的交接试验，应遵循 GB 50150—1991《电气装置安装工程·电气设备交接试验标准》的规定。

⑤ 采用安全电压和符合安全要求的相应电器。对于容易触电及有触电危险的场所，应按表 7-1 的规定采用相应的安全电压。对于在有爆炸和火灾危险的环境中使用的电气设备和导线、电缆，应采用符合安全要求的相应设备和导线、电缆。涉及爆炸和火灾危险环境的供电设计与安装，均应遵循 GB 50058—1992 的有关规定。

⑥ 按规定采用电气安全用具。电气安全用具分基本安全用具和辅助安全用具两类。

a. 基本安全用具。这类安全用具的绝缘足以承受电气设备的工作电压，操作人员必须使用它，才允许操作带电设备，例如操作隔离开关的绝缘钩棒（俗称令克棒）和用来装拆熔断器熔管的绝缘操作手柄等。

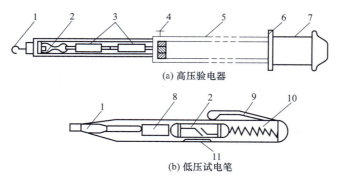

图 7-8 验电工具

1—触头；2—氖灯；3—电容器；4—接地螺钉；5—绝缘棒；6—护环；7—绝缘手柄；
8—碳质电阻；9—金属挂钩；10—弹簧；11—观察窗孔

b. 辅助安全用具。这类安全用具的绝缘性能不足以承受电气设备工作电压，但是操作人员使用它，可使人身安全有进一步的保障，例如绝缘手套、绝缘靴、绝缘地毯、绝缘垫台、高压验电器［如图 7-8（a）所示］、低压试电笔［如图 7-8（b）所示］、临时接地线及"禁止合闸，有人工作""止步，高压危险！"等标示牌等。

⑦ 普及安全用电常识。

a. 不得私拉电线，私用电炉（允许使用电炊用具者除外）。

b. 不得超负荷用电，不得随意加大熔体规格或以铜丝或铁丝代替原有铅锡合金熔丝。

c. 装拆电线和电气设备，应请电工，避免发生短路和触电事故。

d. 电线上不能晾晒衣物，以防电线绝缘破损，漏电伤人。

e. 不得在架空线路和室外变配电装置附近放风筝，以免造成短路或接地故障。

f. 不得用鸟枪或弹弓来打电线上的鸟,以免击毁线路绝缘子。

g. 不得攀登电杆和变配电装置的构架。

h. 移动电器的插座,一般应采用带保护接地(PE)插孔的插座。

i. 所有可触及的设备外露可导电部分必须接地,或接中性线(PEN 线)或接保护线(PE 线)。

j. 当电线断落在地上时,不可走近。落地的高压线,应离开落地点 8.10m 以上;更不能用手去拣。遇到断线接地故障,应划定禁止通行区,派人看守,并通知电工或供电部门前往处理。

⑧ 正确处理电气失火事故。

a. 失火的电气设备可能带电,灭火时要防止触电,最好能尽快断开失火设备的电源。

b. 失火的电气设备可能充有大量的油,可导致爆炸,使火势蔓延。

c. 带电灭火的措施和注意事项如下。

d. 应使用二氧化碳(CO_2)、四氯化碳(CCl_4)或二氟一氯一溴甲烷(R1211)等灭火器。这些灭火器的灭火剂均不导电,可直接用来扑灭带电设备的火。但使用二氧化碳灭火器时,要防止冻伤和窒息,因为二氧化碳是液态的,灭火时它喷射出来后,强烈扩散,大量吸热,形成温度很低(可达 $-78.5℃$)的雪状干冰,降温灭火,并隔绝氧气。所以使用二氧化碳灭火器时,要打开门窗,并要离开火区 2~3m,勿使干冰沾着皮肤,以防冻伤。使用四氯化碳灭火器时,要防止中毒,因为四氯化碳受热时,与空气中的氧气(O_2)作用,会生成有毒的光气($COCl_2$)和氯气(Cl_2),其化学反应式为:

$$2CCl_4 + O_2 \xrightarrow{\triangle} 2COCl_2 \uparrow + 2Cl_2 \uparrow$$

因此在使用四氯化碳灭火器时,门窗应打开,有条件时最好戴上防毒面具。

e. 不能用一般泡沫灭火器灭火,因为其灭火剂(水溶液)具有一定的导电性,而且对电气设备的绝缘有一定的腐蚀性。一般也不能用水进行灭火,因水中含有导电的杂质,用水进行带电灭火易发生触电事故。

三、防触电的安全技术

(1) 接零保护 把电气设备的外壳与电源的零线连接起来,称为接零保护。此法适用于低压供电系统中变压器中性点接地的情况。如图 7-9 所示为三相交流电动机的接零保护。有了接零保护,当电动机某相绕组碰壳时,电流便会从接零保护线流向零线,使熔断器熔断,切断电源,从而避免人身触电的危险。

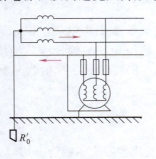

图 7-9 三相交流电动机的接零保护

(2) 接地保护 把电气设备的金属外壳与接地线连接起来,称为接地保护。此法适用于三相电源的中性点不接地的情况。如图 7-10 所示为三相交流电动机的接地保护。由于每相火线与地之间分布电容的存在,当电动机某相绕组碰壳时,将出现通过电容的电流。但因人体电阻比接地电阻(约为 4Ω)大得多,所以几乎没有电流通过人体,人身就没有危险。但若机壳不接地,如图 7-11 所示为三相交流电动机无接地保护,碰壳的一相和人体及分布电容形成回路,人体中将有较大的电流通过,就有触电的危险。

(3) 三孔插座和三极插头 单相电气设备使用此种插座

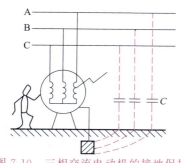

图 7-10 三相交流电动机的接地保护

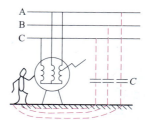

图 7-11 三相交流电动机无接地保护

插头，能够保证人身安全。如图 7-12 所示为正确的接线方法。由此可以看出，因为外壳是与保护零线相连的，人体不会有触电的危险。

（4）漏电保护器　在没有独立保护中线的场所，建议安装漏电保护器。漏电保护器的工作原理如图 7-13 所示（图中 TA 是电流互感器，A 是放大器，K 是漏电脱扣器，R 是试验电阻器，SB 是试验按钮）。

在正常情况下，流经电源相线与中线的电流大小相等，方向相反。因此，在环形铁芯中的总磁势为零，故电流互感器 TA 的副边绕组不会产生感应电动势，电源正常向负载供电。当负载外壳产生的触电电流，使得中线电流比相线电流小，环形铁芯中的合成磁势不再为零。当漏电电流或触电电流超过一定数值（一般整定为 15～30mA）时，TA 副边绕组产生的感应电动势经放大器放大后，使脱扣器 K 动作，切断故障电路，起到保护作用。试验按钮 SB 和试验电阻器 R 是为了检查漏电保护器是否能可靠动作而设置的，借以模拟漏电故障动作情况。

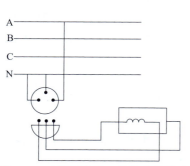

图 7-12 三孔插座和三极插头的接地

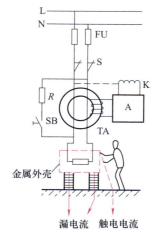

图 7-13 漏电保护器

四、电气防火、防爆

引起电气火灾和爆炸的原因是电气设备过热和电火花、电弧等。为此，不要使电气设备长期超载运行。要保持必要的防火间距及良好的通风。要有良好的过热、过电流保护装置。在易爆的场地如矿井、化学车间等，要采用防爆电器。

出现了电气火灾应做如下处理。

① 首先切断电源。注意拉闸时最好用绝缘工具。

② 来不及切断电源时或在不准断电的场合，可采用不导电的灭火剂，带电干扰电子控制装置的正常运行。

五、静电的危害与防护

静电效应

当两个不同的物体互相接触时就会使一个物体失去一些电子从而带正电，而另一个物体因得到一些电子而带负电。若在分离的过程中电荷难以中和，物体就会带上静电。通常从一个物体上剥离一张塑料薄膜时就是一种典型的"接触分离"起电，在日常生活中脱衣服产生的静电也是"接触分离"起电。

固体、液体甚至气体都会因"接触分离"而带上静电。为什么气体也会产生静电呢？因为气体也是由分子、原子组成，当空气流动时分子、原子也会发生"接触分离"而起电。所以在我们的周围环境甚至我们身上都会带有不同程度的静电，当静电积累到一定程度时就会发生放电。

1. 静电的危害

（1）静电在生产中的危害　在塑壳生产线，由于静电造成塑壳喷漆、电镀后表面粗糙、砂眼多、手感差。在卷桶纸、皮革、塑料、化工布/膜等流水线，由于材料绝缘性高，运转速度快，表面电荷不易中和，静电极高。当操作人员触及时会有触电感，更能使材料层间击穿，影响产品质量。每年静电给电子器件制造业会造成200多亿美元的损失；在印刷包装企业，由于静电会造成设备控制失灵、进纸不稳、收纸不齐；在传输印刷中，更会造成套印精度低，墨损严重，严重影响产品品质。

（2）静电对人体的危害　静电在工业生产中的危害很大，不仅影响生产，而且容易引发各种火灾、爆炸事故等。研究发现，静电对人体也是有害无利。长期在静电辐射下，人会焦躁不安、头痛、胸闷、呼吸困难、咳嗽。在家庭生活当中，不仅化纤衣服有静电，脚下的地毯、日常的塑料用具、锃亮的油漆家具及各种家电均可能出现静电现象。静电可吸附空气中大量的尘埃，带电量越大，吸附尘埃的数量就越多，而尘埃中往往含有多种有害物质和病菌，对皮肤有刺激，轻则影响皮肤的光泽和细嫩，重则使皮肤起斑生疮，更严重的还会引发支气管哮喘和心律失常等病症。

2. 静电的防护

静电防护工作是一项系统工程，任何环节的疏漏或失误，都将导致静电防护工作的失败，必须时时防范，人人防范。

静电防护的重要措施有：静电的泄漏和耗散、静电的中和、静电的屏蔽与接地、增湿等。静电放电引起的元器件击穿损害是电子工业最普遍、最严重的静电危害，它分硬击穿和软击穿。硬击穿是一次性造成元器件介质击穿、烧毁或永久性失效，软击穿则造成器件的性能劣化或参数指标下降。

静电敏感元器件和印刷电路板在生产过程中各工序之间的传递和存放，必须使用防静电上料箱、元件盒、周转箱、周转托盘等，以防止静电积累造成危害。静电敏感元器件和印刷电路板，作为成品进行包装时必须采用防静电屏蔽袋、包装袋、包装盒（条、筐）等，以避免运输过程中的静电损害。

电子产品在生产过程中，其元器件、组件成品经常与设备工具等发生接触、分离，摩擦而产生静电,因此必须使用防静电坐垫、周转小车、维修包、工具、工作椅(凳)等,并通过适当的接地,使静电迅速释放。摩擦起电和人体静电是电子、微电子工业中的两大危害源,对静电积累及由此产生的静电电荷放电必须予以控制。带静电的物体,在其周围形成静电场,会产生力学效应、放电效应和静电感应效应。由于静电的力学效应,空气中浮游的尘粒会被吸附到硅片等电子元器件上,严重影响电子产品的质量,因此对净化工作空间必须采取防静电措施。

净化室的墙壁、天花板和地板等都应采用防静电的不发尘材料,对操作人员及工件、器具也应采取一系列的静电防护措施。

为了解生产过程静电起电情况,判别生产过程中静电的影响程度以及检验静电防护用品、装备的质量,都需要测量静电及有关参数。静电的测量,主要是对静电电压、材料电阻、接地电阻、静电半衰期、静电电量、静电消除器消电性能、布料电荷面密度等的测量。

小 结

1. 触电的主要原因有以下几方面:
(1) 缺乏用电常识;
(2) 违章作业;
(3) 工作态度不认真,思想麻痹;
(4) 环境恶劣;
(5) 操作错误,忽视安全警告;
(6) 电气设备不合格。

2. 触电是指人体触及带电体后,电流对人体造成的伤害。它有两种类型,即电击和电伤。常见的触电方式有单相触电、两相触电、跨步电压触电、接触电压触电、感应电压触电、剩余电荷触电。

3. 触电事故总是突然发生的,情况危机,刻不容缓。现场人员必须当机立断,用最快的速度,以正确的方法处理。首先是让触电者脱离电源,然后立即进行现场救护。触电急救首先要使触电者迅速脱离电源。触电时间越长,触电者受到的危害就越大。

4. 安全电流,是人体触电后最大的摆脱电流。对于安全电流值,各国规定并不完全一致,我国规定为 30mA(50Hz 交流),但是触电时间按不超过 1s 计,因此,这安全电流值也称为 30mA·s。

5. 安全电压,就是不致使人直接致死或致残的电压。

6. 人体电阻由体内电阻和皮肤电阻两部分组成。体内电阻约为 500Ω,与接触电压无关。皮肤电阻随皮肤表面状况而变化,一般取下限值 1700Ω(平均值为 2000Ω)。

习 题

1. 触电的原因有哪些?
2. 人体触电都有哪些触电形式?
3. 观看录像,学习人体触电的急救措施,根据学习内容,总结发现有人触电时,应采取哪些措施进行急救?
4. 人体电阻一般有多大?人体电阻与哪些外部因素有关?
5. 一般的安全电压是多少?安全电压在任何条件下都安全吗?

参 考 文 献

[1] 方立友. 汽车电工电子技术. 南京：江苏教育出版社，2010.
[2] 吴青萍. 电路基础. 北京：北京理工大学出版社，2007.
[3] 仇超. 电工实训. 北京：北京理工大学出版社，2010.
[4] 肖祖铭等. 汽车电工电子技术. 长沙：中南大学出版社，2012.
[5] 冯渊. 汽车电工与电子技术基础. 北京：机械工业出版社，2010.
[6] 王芳荣等. 汽车电工电子技术. 北京：清华大学出版社，2009.
[7] 郁汉琪. 电气控制与可编程序控制器应用技术. 南京：东南大学出版社，2006.
[8] 张兴福等. 电机与电力拖动. 镇江：江苏大学出版社，2017.
[9] 郭中醒等. 现代汽车电机技术. 上海：上海科学技术出版社.
[10] 海宴. 51单片机原理及应用 [M]. 北京：北京航空航天大学出版社，2010.
[11] 东峰等. 单片机C语言应用100例 [M]. 北京：电子工业出版社，2009.
[12] 富昭等. 8051单片机典型模块设计与应用 [M]. 北京：人民邮电出版社，2007.
[13] 平等. 单片机入门与开发 [M]. 北京：机械工业出版社，2013.
[14] 陆国和. 电路与电工技术 [M]. 第3版. 北京：高等教育出版社，2010.
[15] 蔡杏山. 蔡玉山. 零起步轻松学数字电路 [M]. 第2版，北京：人民邮电出版社，2010.
[16] 靳孝峰. 电工电子技术 [M]. 北京：北京理工大学出版社，2011.
[17] 赵歆. 电工电子技术 [M]. 北京：北京邮电大学出版社，2013.4.
[18] 许珊. 电工电子技术实训教程 [M]. 北京：北京邮电大学出版社，2013.9.